Jorge Alberto Fox Lozano
Agustín Francisco Gutiérrez Tornés

Engenharia de Requisitos com Aspectos

Jorge Alberto Fox Lozano
Agustín Francisco Gutiérrez Tornés

Engenharia de Requisitos com Aspectos

Aplicação da orientação dos aspectos aos requisitos no desenvolvimento de software

ScienciaScripts

Cover image: www.ingimage.com

This book is a translation from the original published under ISBN 978-3-8383-6219-9.

Publisher:
Sciencia Scripts
is a trademark of
Dodo Books Indian Ocean Ltd. and OmniScriptum S.R.L publishing group

120 High Road, East Finchley, London, N2 9ED, United Kingdom
Str. Armeneasca 28/1, office 1, Chisinau MD-2012, Republic of Moldova, Europe
Printed at: see last page
ISBN: 978-620-3-36161-2

Engenharia de requisitos com Aspectos

Aplicação da orientação dos aspectos aos requisitos no desenvolvimento de software

Jorge A. Fox L., Agustin Francisco Gutierrez Tornes

Abstrato

A orientação dos aspectos engloba um conjunto de técnicas que melhoram a modularidade através das fases de desenvolvimento de software. Até agora, a orientação dos aspectos é mais conhecida como uma tecnologia ao nível da programação. Neste livro pretendemos contribuir para a compreensão da orientação dos aspectos nas fases iniciais dos requisitos e da concepção da arquitectura. Exploramos a ideia de que os artefactos de requisitos são mais bem compreendidos e as preocupações são mais bem separadas através da detecção de preocupações transversais com técnicas orientadas para um aspecto.

Fornecemos uma visão geral sobre as primeiras abordagens dos aspectos, sobre os conceitos de orientação dos aspectos nos requisitos e ilustramos um método para uma melhor separação das preocupações nas mãos de um estudo de caso de uma loja de vestuário em linha.

No conjunto, neste trabalho apoiamos a noção de que a identificação precoce, descrição e documentação adequada dos aspectos melhora a especificação e análise dos requisitos.

Índice

Introdução

À medida que a engenharia de software se torna cada vez mais heterogénea e especializada, novos desafios surgem para a gestão da complexidade nos sistemas de software. Esta complexidade crescente parece ser uma consequência dos novos campos de aplicação que surgiram nos últimos anos; tais como o automóvel, bioinformática, aviónica, entre outros. Parece que na actual engenharia de software, a especialização é a regra, por este motivo, os métodos de uso geral já não são suficientes. Uma fase particular da engenharia de software que aqui abordamos é a engenharia de requisitos. A razão é que o desenvolvimento de um sistema é fortemente determinado pela sua especificação de requisitos e pelas decisões de concepção que dele derivam. As fases posteriores de desenvolvimento serão baseadas na análise dos requisitos. Além disso, a verificação das propriedades do sistema ou da conformidade do sistema tem de ser feita em relação a algumas referências e estas são normalmente retiradas da especificação dos requisitos.

Propomos melhorar a fase de especificação e análise dos requisitos através da identificação precoce de preocupações e preocupações de base que afectam várias unidades de modularização. Ao fazê-lo, podemos produzir uma arquitectura de base que é melhorada com construções adicionais que representam as preocupações transversais (C3). Isto permite o tratamento de C3 independentemente da preocupação de base. Desta forma, a gestão da complexidade é melhor suportada do que por abordagens tradicionais não orientadas para o espectro.

Neste trabalho entendemos um requisito como uma condição ou capacidade que deve ser satisfeita ou possuída por um sistema ou componente a fim de satisfazer um contrato, norma, especificação, ou outro documento formalmente imposto de acordo com [Partsch, 1991]. I. Sommerville, declara que os requisitos do utilizador são declarações, expressas em linguagem natural mais diagramas, descrevendo os serviços que se espera que o sistema preste e os constrangimentos sob os quais deve funcionar. Além disso, os requisitos representam as responsabilidades de um sistema e quais as tarefas que este deve cumprir. Da mesma forma, consideramos uma preocupação como qualquer questão de interesse num sistema de software.

Devido a limitações nas técnicas de modelagem, através da tradução do espaço problema para o espaço de solução, alguns requisitos são implementados em várias unidades de modularização. Isto sugere uma forma de definir o corte transversal como uma funcionalidade ou restrição que caracteriza mais do que um módulo (lógico na concepção, físico no código) de um nível de abstracção para o seguinte. Isto pode ser melhor compreendido considerando um nível de abstracção como uma etapa de refinamento numa série de etapas desde os requisitos até ao código, sendo a etapa anterior a mais abstracta em relação à seguinte.

Propomos uma definição abstracta de C3, considerando o comportamento (funcionalidade) como uma propriedade implementada em vários módulos. Por outras palavras, uma entidade presente em mais do que uma entidade de modularização é uma C3. As entidades de modularização dependem do paradigma arquitectónico escolhido, por exemplo, orientação de objectos, componentes, agentes, e afins.

C3 é um requisito que sob alguma tradução de um espaço problemático para um espaço de solução é expresso em mais do que uma unidade de modularização num nível inferior de abstracção. Isto é explorado mais em profundidade mais adiante no livro.

Visão geral sobre a orientação dos aspectos

A Aspect-oriented Programming (AOP) é um paradigma recente de desenvolvimento de software actualmente em evolução. Alguns autores referiram o AOP a abordagens de programação anteriores que tiveram origem quando surgiram as limitações da Programação Orientada a Objectos (OOP). Estas limitações estão listadas abaixo.

Algumas das limitações identificadas do OOP são: "...muitos requisitos[1] não se decompõem ordenadamente em comportamento centrado num único local. O OOP tem dificuldade em localizar as preocupações que envolvem preocupações globais[2], e em aplicar conhecimentos específicos do domínio" [Elrad et al, 2001]. As técnicas orientadas para objectos decompõem o software em módulos por classes porque a unidade de modularidade nas línguas do OOP é a classe definida como um pacote arbitrário de dados e o seu comportamento. Esta é uma limitação da abordagem OOP e é referida como a tirania da decomposição dominante [Ossher in Elrad et al, 2001]. Esta decomposição dominante encapsula eficazmente as preocupações com os dados em classes, mas as preocupações sistémicas, como segurança, não podem ser encapsuladas dentro dos módulos dominantes. Devido a esta chamada "tirania da decomposição dominante", as preocupações que não foram encapsuladas estão dispersas por várias classes.

---

[1] Um requisito pode ser definido como "Uma condição ou capacidade que deve ser satisfeita ou possuída por um sistema ou componente de sistema para satisfazer um contrato, norma, especificação, ou outro documento formalmente imposto". O conjunto de todos os requisitos constitui a base para o desenvolvimento subsequente do sistema ou componente do sistema" [Partsch, 1991].

[2] Uma preocupação é considerada como qualquer questão de interesse num sistema de software [Sutton e Rouvellou, 2002].

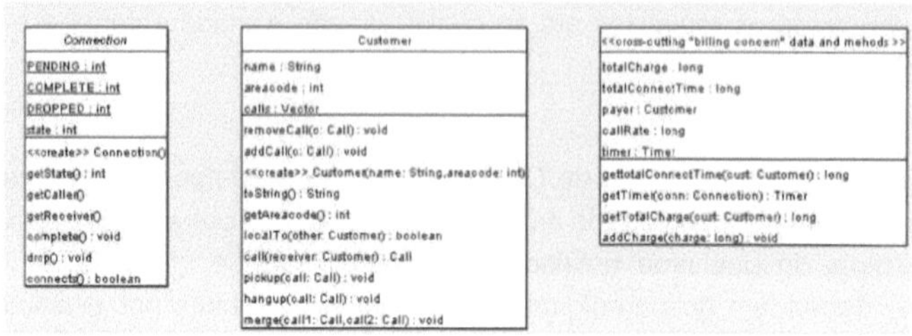

a) b) c)

FIGURA 1. EXEMPLO TRANSVERSAL

Como exemplo de preocupações transversais, considere um sistema de facturação para conferências telefónicas[3]. Assumir que o sistema precisa de armazenar a duração e o custo de cada chamada transaccionada como uma preocupação para o sistema. Pode haver diferentes formas de conseguir este seguimento de chamadas. O sistema de facturação telefónica teria as seguintes classes: Cliente, Chamada, Ligação, entre outros. Os procedimentos relativos ao registo de transacções, calendarização e determinação de custos actuariam sobre estas classes e não há uma única classe que realize por si só os métodos necessários para o seguimento de chamadas. Como ilustrado na Figura 1, os elementos na quadrícula c) não seriam apenas relativos às classes Ligação a) e Cliente b), os dados e métodos na quadrícula c) representam um aspecto, na realidade dois aspectos.

O AOP visa identificar e especificar tais preocupações transversais em módulos separados, temperando a dispersão e o emaranhado de preocupações entre diferentes unidades, proporcionando mais uma dimensão para modularizar o software.

O actual paradigma OO tem um conjunto bastante estável de metodologias, linguagens e ferramentas para o desenvolvimento de software, é também amplamente aceite e utilizado como técnica de programação. No entanto, as suas limitações estão sob escrutínio e estão em curso tentativas para as ultrapassar. Uma destas tentativas é a AOP.

Como [Czarnecki e Eisenecker, 2000] sugerem "o objectivo do AOP é fornecer métodos e técnicas para a decomposição de problemas em vários componentes funcionais, bem como uma série de aspectos que cruzam componentes funcionais". Isto visa ultrapassar a supracitada tirania da decomposição dominante.

[3] O exemplo foi retirado do código de amostra fornecido com a versão 1.1.0 da AspectJ.

A Programação orientada para os aspectos "baseia-se na ideia de que os sistemas informáticos são melhor programados especificando separadamente as várias *preocupações* (propriedades ou áreas de interesse) de um sistema e alguma descrição das suas relações, e depois confiando em mecanismos no ambiente AOP subjacente para os tecer ou compô-los juntos num programa coerente". [Elrad, T. et al, 2001a]

O actual conceito de aspecto geralmente aceite será delineado na secção seguinte.

Preocupações e Aspectos Transversais

Aspectos são preocupações que atravessam outras preocupações[4], sendo assim responsáveis por produzir representações emaranhadas que são difíceis de compreender e manter [Rashid et al., 2002]. Este corte transversal é relativo a uma decomposição particular [Aksit in Elrad et al, 2001b]. Figura 2. Unidades modulares e aspecto representa uma base de corte transversal de aspecto unidades modulares. Esta ilustração é baseada no exemplo introduzido na secção anterior.

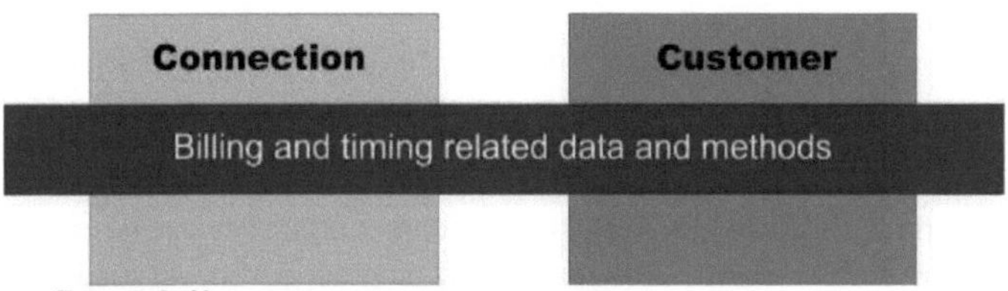

FIGURA 2. UNIDADES MODULARES E ASPECTO

Os aspectos podem ser propriedades do sistema envolvendo mais do que um componente funcional, atravessando a estrutura estática e dinâmica de um programa; tocando, portanto, várias classes. Isto significa que, de uma perspectiva horizontal, os aspectos podem ser propriedades estáticas ou dinâmicas que afectam não só a definição comportamental das classes, mas também a estrutura de dados definida pelas classes. Enquanto que de uma perspectiva hierárquica um aspecto é um requisito que é expresso em várias unidades de modularização em níveis inferiores de abstracção. Explorámos isto com mais profundidade em [Fox, 2008].

Temos uma definição de um aspecto, agora temos de considerar formas de os identificar em artefactos de software. Neste trabalho, concentramo-nos em aspectos de requisitos. Certamente, os aspectos podem ser identificados nas diferentes fases de desenvolvimento de software, pelo que sugerimos ter em mente que as principais características de um aspecto são duas: é uma preocupação transversal, e relaciona-se com a dependência entre

[4] "Duas preocupações cruzam-se se os métodos relacionados com essas preocupações se cruzarem [Elrad et al, 2001b].

preocupações num sistema de software. A definição e identificação de um aspecto tem sido tentada por vários autores com diferentes focos e níveis de precisão. Como [Czarnecki e Eisenecker, 2000] afirmam "...a localização de algumas questões fará sempre com que algumas outras questões se tornem aspectos".

Recentemente, alguns autores definiram que questões que não estão bem localizadas nos desenhos funcionais, tais como: sincronização, interacção de componentes, persistência, controlo de segurança, mecanismos de tolerância a falhas, qualidade do serviço, e similares, são preocupações que são aspectos típicos dos candidatos. Outra orientação para identificar aspectos é que estes "são geralmente expressos por pequenos fragmentos de código espalhados por vários componentes funcionais" [Czarnecki e Eisenecker, 2000]. Compatibilidade, disponibilidade e requisitos de segurança são preocupações transversais [Rashid et al., 2003]. Também o tratamento de excepções, protocolos multi-objecto, sincronização, e partilha de recursos seriam alargados através do código fonte se apenas fossem utilizadas técnicas tradicionais de implementação [Kiczales e Hilsdale, 2001].

Como Ossher em [Elrad et al, 2001b] menciona, "uma das coisas mais difíceis sobre as preocupações transversais é compreender exactamente o que atravessa o quê".

Há uma necessidade evidente de investigação sobre a identificação de aspectos na fase inicial dos requisitos de software. Uma razão para empreender investigação a esse nível é porque é nessa fase que muitas das dificuldades posteriores no desenvolvimento de software podem gerar. Pertence às tarefas do analista de requisitos determinar requisitos, preocupações e, de entre estes, seleccionar aspectos candidatos e testá-los. Sugerimos que se esclareça a questão. Como afirma um autor: "Os desenhadores devem confiar na sua discrição para decompor o problema eficazmente" [Kiselev, 2003].

Kiczales em [Kiselev, 2003] aponta uma regra simplificada para a identificação de aspectos:

"... um bem que deve ser implementado é

- Um componente, se puder ser limpo e encapsulado num procedimento generalizado (ou seja, objecto, método, procedimento, API). Por cleanly, entendemos bem localizado, e facilmente acessível e composto conforme necessário. Os componentes tendem a ser unidades da decomposição funcional do sistema, tais como filtros de imagem, contas bancárias, e widgets GUI.
- Um aspecto, se não puder ser encerrado de forma limpa num procedimento generalizado. Os aspectos tendem a não ser unidades da decomposição funcional do sistema, mas sim propriedades que afectam o desempenho ou a semântica dos componentes de forma sistémica. Exemplos de aspectos incluem padrões de acesso à memória e sincronização

de objectos simultâneos".

Esta simples regra de polegar aponta na direcção certa, porque é consistente com o conceito de aspecto. No entanto, ainda há necessidade de um quadro que ajude os designers de programas a identificar aspectos de uma forma automatizada ou semi-automatizada. A nossa crítica a esta regra simples é que ela não ajuda a distinguir o que é um aspecto e o que não é um aspecto, por exemplo, seria um protocolo de sincronização um aspecto ou seria apenas uma parte do protocolo considerada um aspecto?, seria cada chamada para uma base de dados num Front-end considerado um aspecto apenas porque poderia ser realizada em diferentes partes do Front-end?, além disso, quão útil seria considerar preocupações sistémicas como a qualidade do serviço ou o "desempenho" como aspectos?

A fim de avançar respostas sobre como identificar aspectos nos requisitos, o presente trabalho introduz na página 32 alguns dos quadros actuais para a identificação de aspectos

Na secção seguinte, introduzimos o que consideramos como as principais aprovações na programação orientada para os pontos de vista.

Programação orientada para o aspecto

Neste capítulo, recordamos algumas linguagens de programação orientadas para o aspecto (AOP), juntamente com uma visão geral das abordagens relacionadas. O objectivo é fornecer uma compreensão básica sobre o assunto. Além disso, para ilustrar que as técnicas subjacentes são, em grande medida, construções adicionais de linguagem que permitem a transformação do código, quer de forma dinâmica quer estática. Podemos considerar a AOP uma forma especial de transformação de código, especificamente transformação de código através da *tecelagem.*

Vistos de uma perspectiva histórica, houve várias descrições, implementações e nomes em conceitos bastante análogos aos do PON ao longo dos anos, tais como: camadas[5], colaborações[6], assuntos[7] e aspectos [Smaragdakis e Batory, 2002]. A motivação por detrás

[5] As camadas podem ser vistas como níveis de abstracção compostos por classes do paradigma tradicional OO. Um nível de abstracção pode ser empilhado e a camada de objectos acima adiciona novas classes ou novos métodos às classes existentes da camada abaixo.

[6] Uma colaboração pode ser definida por um conjunto de papéis e um protocolo de comunicação entre as classes participantes na colaboração [Czarnecki e Eisenecker, 2000]. Isto significa que as classes pertencentes a um conjunto de classes cooperantes comunicam e interagem entre si com base no conjunto de papéis e num protocolo de comunicação definido por uma unidade que se chama "colaboração".

Tanto as camadas como as colaborações são implementadas pelo modelo *GenVoca* no trabalho de Don Batory. *GenVoca* é uma abordagem à construção de geradores de sistemas de software como composição de funções existentes que se constroem umas sobre as outras. Ver também [Smaragdakis e Batory, 2002].

[7] Um assunto é um conjunto de classes e/ou fragmentos de classe relacionados por herança e outras

destas abordagens pode ser rastreada até ao princípio de Parnaso de separação das preocupações.

Há um consenso geral de que a orientação dos objectos precisa de ser alargada por novas abordagens, tais como as acima mencionadas. Concentramo-nos agora em três abordagens para o AOP: Filtros de Composição (CF), Mecanismos Linguísticos e Separação Multidimensional de Preocupações

A abordagem dos *Filtros de Composição* [Grupo TRESE, 2006], por exemplo, resolve as dificuldades de expressão de qualquer tipo de coordenação de mensagens no modelo de objecto convencional, alargando este modelo de objecto convencional com vários filtros de mensagens diferentes [Czarnecki e Eisenecker,2000]. Como ilustrado na Figura 3 o conceito CF o objecto é composto por uma interface e um objecto de base. O objecto de base é o objecto original dado e a interface foi acrescentada a fim de interceptar mensagens recebidas e poder redireccionar estas mensagens para objectos externos ou internos, de acordo com filtros especificados. Esta técnica facilita alegadamente a implementação de restrições de sincronização, restrições em tempo real, transacções atómicas, verificação de erros de pré-condicionamento, e outros aspectos de uma forma bem localizada.

Como exemplo, consideremos uma restrição de sincronização no sistema de facturação telefónica[8] , forçando o chamador a estabelecer apenas uma chamada de cada vez. Sob a abordagem CF, a classe Cliente seria envolvida, estabelecendo um conjunto de filtros que redireccionam ou enfileiram as mensagens relacionadas com a ligação à classe Cliente. De acordo com a Figura 3, a classe Ligação seria o objecto de base e as novas mensagens relacionadas com a chamada seriam enfileiradas de acordo com a existência ou não de uma chamada activa.

---

relações, tais como agregação, associação, entre outros. Um sujeito é simplesmente um modelo de objecto parcial ou completo que corresponde a uma perspectiva sobre os objectos a modelar. Uma perspectiva pode sair do contexto de utilização de um objecto, mas esta pode não ser a única razão. Pode também surgir dos pontos de vista de diferentes equipas de desenvolvimento [Czarnecki e Eisenecker, 2000]. Os sujeitos são na realidade o antecessor directo do AOP.

[8] O código fonte pode ser encontrado no Apêndice A

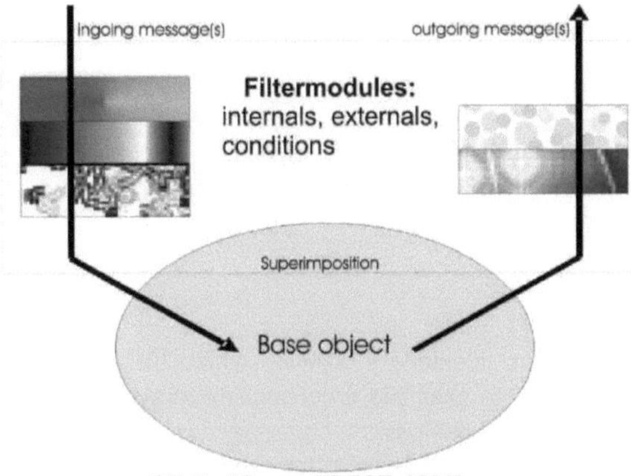

FIGURA 3. ELEMENTOS DO MODELO CF. DO [GRUPO TRESE, 2006].

Outra forma de lidar com aspectos é através de mecanismos linguísticos que estendem uma linguagem de programação orientada para objectos. Na secção AspectJ será introduzido um mecanismo linguístico que alarga a linguagem de programação Java. Além disso, será também introduzida outra abordagem linguística que alarga a linguagem de programação C++.

"Separação Multidimensional de Preocupações" (MDSOC) de [Tarr e Ossher, 2002] representa uma das linhas de trabalho pioneiras no POA. Esta abordagem torna evidente a necessidade de romper com a chamada decomposição dominante e estabelecer mecanismos adicionais para a modularização do software. MDSOC introduz o conceito de *Hyperslices*[9] . Os Hyperslices são concebidos como blocos de construção que podem ser compostos uns com os outros de modo a formar blocos de construção maiores e reconfigurar sistemas completos. Os Hyperslices permitem o tratamento uniforme de todos os tipos de preocupações, e não apenas preocupações de classe. Por conseguinte, representa uma solução para a chamada "tirania da decomposição dominante".

Juntamente com a necessidade de melhorar o paradigma orientado para objectos, há uma necessidade de mecanismos linguísticos que apoiem estas novas abordagens, bem como a necessidade de metodologias e ferramentas descritivas adequadas.

Tendo em conta que o Processo de Desenvolvimento de Software Unificado e a Linguagem de Modelação Unificada (UML)[10] foram amplamente aceites como padrão para OOP,

---

[9] ver secção Separação Multidimensional de Preocupações (MDSOC)
[10] para uma referência completa cfro. [Jacobson et al, 2000].

parecem ser os candidatos naturais para serem alargados com mecanismos de descrição de aspectos.

Relativamente à identificação de aspectos, podemos distinguir entre identificação de aspectos em código e identificação de aspectos em especificações de requisitos.

Panorama das línguas AOP

AspectJ

A linguagem de programação orientada a objectos AspectJ é uma extensão da linguagem Java orientada a objectos. Esta extensão é conseguida através de novos conceitos como: introduções, pontos de vista, e conselhos.

A AspectJ foi desenvolvida como uma ferramenta de código aberto na XEROX-PARC. Foi criado como uma linguagem AO de uso geral que funciona como uma extensão integrada a Java e permite o corte transversal estático e dinâmico.

A utilização desta linguagem orientada para o espectro (AO) pode ser encenada com base na identificação de duas grandes categorias de aspectos: Aspectos de Desenvolvimento e Aspectos de Produção [Kiczales et al, 2001]. Por um lado, ao tratar de aspectos de desenvolvimento a linguagem pode ser utilizada para facilitar tarefas tais como: depuração, teste e afinação de desempenho de aplicações. Por outro lado, quando se trata de aspectos de produção, pode ser utilizada para implementar funcionalidades destinadas a ser incluídas em aplicações.

Em termos gerais, a língua é utilizada uma vez desenvolvidas as classes java que reflectem a lógica empresarial, após o que os aspectos que abordam as preocupações transversais podem ser desenvolvidos e tecidos[11] na aplicação.

A língua baseia-se em três elementos-chave, introduções, pontos de vista e conselhos. Estes elementos serão discutidos nas próximas subsecções.

IntroductionsinAspectJ

As introduções também conhecidas como declarações entre tipos são declarações sobre a

[11] Para uma descrição do processo de tecelagem, consulte por favor: M. Kurth, "Hauptseminar: Probleme der aspektorientierten Programmierung in Zusammenhang mit AspectC++", Julho de 2003, Technische Universität Chemnitz, páginas 6-7. Note-se que o conceito de tecelagem é o mesmo em AspectC++ e em AspectJ. Note-se também que há mudanças significativas entre a última versão de AspectJ, 1.1.0, e a versão 1.0.6. A nova versão é implementada em cima do compilador de código aberto Eclipse, transforma-se em formato de código byte antes de tecer, e permite a compilação incremental, entre outras alterações. Uma descrição destas alterações pode ser encontrada em: http://dev.eclipse.org/viewcvs/indextech.cgi/~checkout~/aspectj-home/doc/README-11.html

estrutura de um programa que fornecem um mecanismo para adicionar novos elementos estáticos bem como comportamentais na estrutura de classes. De acordo com isto, um aspecto pode ser usado "para adicionar novos métodos a uma classe, ou declarar que uma classe estende uma superclasse" [Gradecki & Lesiecki, 2003]. As declarações intertipo - afectam a hierarquia de tipo estático dos programas; implementam o corte transversal estático sobre o programa.

As declarações entre tipos permitem ao programador modificar classes adicionando campos, métodos ou mesmo alterando a estrutura hierárquica.

O tipo de membros que podem ser declarados utilizando declarações entre tipos são os campos, construtores e métodos concretos ou abstractos.

Agora, vamos explorar as declarações que afectam a estrutura dinâmica de um programa: *Pontos e Conselhos*.

PONTO DE JUNÇÃO S

Os Pontos de Junção (JP) são pontos especiais bem definidos no fluxo de execução do programa. Estes incluem chamadas a métodos, criação de objectos, execução de excepções, atribuição de valores a atributos, e afins. Cada um deles tem uma sintaxe especial[12].

Por exemplo, vejamos um aspecto da amostra "Telecom Simulation" no [13]manual da AspectJTM .

```
pacote telecom;
Aspecto público TimerLog {\i1}
  after(Timer t): target(t) && call(* Timer.start()) {
    System.err.println("Temporizador iniciado: " + t.startTime);
  }
  after(Timer t): target(t) && call(* Timer.stop()) {
```

Este exemplo contém os três elementos que serão discutidos. Concentremo-nos agora no conceito de JP ilustrado por meio deste exemplo. Tirando o código inteiro, a secção " call(* Timer.start()) define o ponto do fluxo de execução do programa ao qual o aspecto será

[12] Consulte o guia de referência rápida da AspectJ que acompanha a instalação da AspectJ.
[13] http://www.cs.rit.edu/usr/local/pub/jeh/courses/AOP/AspectJ/doc/progguide.pdf

ligado. Isto leva-nos à questão de quando e como é que o aspecto será "executado".

PONTOS DE CORTE

Os pontos ajudam a referir-se ao conjunto de pontos de junção cuja execução precisa de ser modificada. Um ponto selecciona certos JP juntamente com os seus valores de contexto [Kiselev, 2003].

Um ponto especifica um nome para um conjunto de JP que pode ser referido por mais do que um conselho. Segue-se um exemplo de um apontamento:

pointtcut ioHandler(): within(MyClass) && handler(IOException);

Este ponto selecciona JPs quando são tratadas excepções do tipo IOException dentro do código definido pela classe MyClass[14] .

Um DVI CES

Os conselhos contêm o código executável a ser implementado quando os pontos são alcançados. Um Aconselhamento é a implementação efectiva de um aspecto.

No caso dos conselhos, o promotor deve também determinar quando é que o conselho deve ser executado. Há três possibilidades:

- perante o próprio JP,
- após o JP, ou
- em torno ou em vez do JP.

No exemplo dado, o tempo de execução é especificado pela palavra-chave: após no início da especificação do ponto.

Existem duas possibilidades adicionais relativamente à palavra-chave "depois", estas são "depois do lançamento" e "depois finalmente".

HYPER-CUTTINGINASPECTJ

A AspectJ fornece uma espécie de linguagem *hiper-cortante* que permite que aspectos cruzem hierarquias de classes de acordo com um critério arbitrário [Kiselev, 2003].

[14] Para uma referência completa da língua, consulte o manual da AspectJ http://eclipse.org/aspectj/

O código da amostra no Anexo A inclui aspectos interessantes que também incluem a herança, e este tipo de hiper-corte.

Para ilustrar o que se entende por *hiper-corte,* vejamos o seguinte exemplo retirado de [Kiselev, 2003]:

```
aspecto público PtrnHyper {
    interface pública Tag
    {

    }
    pointtcut p() : execução(* Tag+.*(...));
    antes() : p()

    {
        System.out.println(esteJoinPoint);
    }
}
```

É favor notar que o símbolo "+" após o nome da interface "Tag". Isto significa que o ponto pode referir-se a métodos e classes que implementam o Tag da interface.

Agora, as classes que implementam o Tag são necessárias:

```
classe pública PtrnHyperMain {
    principal(String args[])
    {
        PtrnHyperTest ht = novo PtrnHyperTest();
        ht.test();

    }
}
```

e

```
classe pública PtrnHyperTest
{
    public static final String cvs="$Id: PtrnHyperTest.java,v 1.1
2002/04/08 22:00:22 ikk Exp $";

    teste nulo()

    {}
```

```
}
```

A fim de aplicar o aspecto PtrnHyper a qualquer uma das classes precisamos de introduzir a classe na interface Tag. Isto é conseguido através da definição do seguinte aspecto:

```
aspecto público PtrnHyperApply
{
 declarar os pais: PtrnHyperMain implementa o PtrnHyper.Tag;
 declarar os pais: O PtrnHyperTest implementa o PtrnHyper.Tag;

}
```

Ao declarar a Tag de interface e relacioná-la com as classes PtrnHyperTest e PtrnHyperMain, o aspecto Tag foi implementado selectivamente sobre as classes mencionadas. Este padrão torna possível aplicar o aspecto "PtrnHyperApply" afectando selectivamente um número variável de classes, de acordo com as necessidades do programador.

Vamos explorar outro exemplo. Suponhamos que precisamos de implementar a clonagem numa classe e nas suas subclasses. Podemos consegui-lo definindo um aspecto denominado addClone que será declarado como pai da classe que pretendemos implementar a clonagem.

Segue-se um Círculo de classes simples:

```
círculo de classes{
        rad. int privada;
        Circulo público(int i) { rad = i;
        }

        public int getradius() {
            devolver rad;
        } }
```

O aspecto de implementação do *hiper-corte* seria o seguinte:

```
Aspecto público addCloneMethod {
```

```
declarar os pais: Círculo de implementos Cloneável;
public Objectos ect Circle.clone() {
  tente {
   devolver super.clone();
  }
  catch (CloneNotSupportedException e) { lançar novo
   InternalError(e.toString());
  }
 }
}
```

Depois podemos utilizar o método clone() no programa principal, por exemplo:

```
clone de classe públicaDemo4 {\i1}
        main(String args[])] publica o vazio estático
        principal(String args[]) lança CloneNotSupportedException {
        Circle obj4 = null;
            Quadrado obj1 = novo Quadrado(37);
            Quadrado obj2 = (Quadrado)obj1.clone();
            System.out.println(obj2.getx()));
            Círculo obj3 = novo Círculo(15);
  obj4 = (Círculo)obj3.clone();
            System.out.println(obj4.getradius()); }
  }
```

A AspectJ é uma linguagem robusta com uma crescente comunidade de utilizadores. Existe uma série de Ambientes de Desenvolvimento Integrado (IDE) que podem ser adaptados para utilizar AspectJ por meio de suplementos. IDEs como Eclipse, Forte 4 Java, Netbeans, e JBuilder. O website do AspectJ fornece documentação, ferramentas e apoio aos programadores.

Considerando estas condições, pode-se pensar que esta língua terá um crescimento futuro significativo. Este mecanismo linguístico que permite tecer aspectos sobre o código java foi também alargado a outras línguas OOP, tais como Smalltakl e C++. Vamos, portanto, explorar agora a AspectC+++.

ASPECTC++

O AspectC+++ é uma extensão orientada para o aspecto da linguagem C++. Na realidade, é construído tal como o AspectJ.

Esta extensão à linguagem C++ implementa aspectos de forma modular através do elemento mais importante da AspectC++ que é o ponto de partida. "Os pontos descrevem um conjunto de pontos de junção[15], determinando em que condição um aspecto deve ter efeito". [Urban e Spinczyk, 2003]

Também a partir do manual aprendemos que

"... cada ponto de junção pode referir-se a uma função, a um atributo, a um tipo, ou a um ponto a partir do qual se acede a um ponto de junção para que esta condição possa ser, por exemplo, o evento de atingir uma posição de código designada".

Há dois tipos de pontos de corte na AspectC++: Pontos de Código e Pontos de Nome.

O código da amostra e exemplos nesta secção são retirados da referência linguística [Urban e Spinczyk, 2003].

INTRODUÇÕES

A fim de alargar o código do programa e as estruturas de classes, o AspectC++ fornece o conceito de "introdução". As introduções dizem respeito ao corte transversal estrutural do código. Um exemplo:

```
formas pontilhadas() = "Círculo" || "Polígono";

formas de conselho() : bool m_shaded;
formas de conselho() : sombreado nulo(bool state) {
	m_shaded = estado;
}
```

"Como uma declaração de conselho vulgar, uma introdução é introduzida pela palavra-chave *conselho.* Se o ponto seguinte for um ponto de nome, a declaração C++ seguindo o símbolo ":" é introduzida nas classes e nos espaços de nomes descritos pelo ponto. O código introduzido pode então ser utilizado no código normal do programa como qualquer outra função, atributo, etc.". [Urban e Spinczyk, 2003].

[15] definido no mesmo sentido que no AspectJ

Vale a pena notar que o código de aconselhamento nas introduções tem plenos direitos de acesso relativamente ao código do programa num ponto de junção. O AspectC++ proporciona uma poderosa extensão linguística ao C+++. Uma característica interessante do Aspectc++ é a reflexão, que será introduzida nas secções seguintes juntamente com a herança.

Existe um tipo especial de "introdução" que permite a extensão da classe base de uma ou mais classes. É a introdução da "classe de base". É uma forma de ter um Hyper-Cutting semelhante ao do AspectJ, ver secçãoHyper-Cutting no AspectJ.

Exemplo de introdução da classe base:

conselho "Objecto" : baseclass(MemoryPool);

CodePointcuts

Um ponto de código pode referir-se à chamada ou à execução de uma função, um exemplo mostra este tipo de ponto:

chamada ("void **draw**()") && dentro de(**"Forma"**)

O ponto anterior relaciona-se com o conjunto de chamadas para o *sorteio de* funções que se encontram dentro dos métodos da classe *Forma*.

Os pontos de código permitem o corte transversal dinâmico do programa.

NamedPointcuts

namespaces. Para descrever os pontos de nomes, a extensão da língua fornece expressões de correspondência como constantes de cordas contendo um padrão de pesquisa. O padrão de pesquisa pode conter um wildcard para nomes ou partes de uma assinatura tal como no AspectJ, mas no AspectC++ é utilizado o "%" em vez do "*" devido à sintaxe da linguagem C++, lembre-se que em C++ o "*" está associado a ponteiros e qualquer confusão entre uma referência de ponteiro e um wildcard para um aspecto pode ser enganadora.

Um exemplo:

"%Lista" && !derivado("Fila de espera")

O exemplo acima mencionado descreve o conjunto de classes com nomes que terminam com "*Lista*" e que não derivam da *Fila de* classes.

Os pontos de nome permitem o corte transversal estático do programa.

Ambos os tipos de pontos podem ser definidos como pontos virtuais, permitindo a possibilidade de ter aspectos abstractos reutilizáveis e herança.

Tendo descrito onde os aspectos estão vinculados no código, vamos agora descrever como são implementados. A acção activada no ponto de junção é o "conselho", tal como na AspectJ.

UM DVICES

Os pontos de junção podem também relacionar variáveis com a informação de contexto de um ponto de junção, como no seguinte código:

```
pointtcut new_user(const char *name) =
execution("void login(...)") && args(nome);
conselho new_user(name) : before(const char *name) {
  cout << "Utilizador " << nome << " está a iniciar sessão" << endl;
}
```

No código da amostra acima, o ponto inclui um nome de variável de contexto que lhe está ligado. Esta funcionalidade está muito próxima da que se encontra no AspectJ. A função de ponto "args" actua como um filtro.

Na AspectC++ a ligação das variáveis de contexto é realizada através das palavras-chave: isso, alvo e resultado.

DECLARAÇÃO DE INSPECÇÃO

}

O exemplo acima determina a contagem de instanciamentos de objectos para um conjunto de classes, para isso é introduzido um contador global nas classes descritas pelo ponto e este contador global é incrementado no tempo de construção.

INHERITANC E

AspectJ e AspectC++ são duas extensões poderosas para Java e C++ respectivamente. Cada uma tem as suas próprias vantagens e oportunidades, mas ambas partilham um forte apoio da comunidade e um número crescente de utilizadores. Segundo [Kurth, 2003],

AspectC+++ é, dada a natureza da própria linguagem C++, superior à AspectJ e capaz de ser implementada em Sistemas Embutidos, Sistemas em Tempo Real e Sistemas Operativos. Isto abre uma oportunidade de crescimento significativo para este PON.

SEPARAÇÃO MULTIDIMENSIONAL DE PREOCUPAÇÕES (MDSOC)

MDSOC representa uma das linhas pioneiras de investigação em programação orientada para o espectro. O seu objectivo é facilitar o tratamento uniforme de todo o tipo de preocupações[16]. Esta abordagem à Separação de Preocupações (SoC) refere-se à capacidade de identificar, encapsular e manipular apenas as partes do software que são relevantes para um determinado conceito, objectivo ou finalidade. No caso do OOP, a preocupação são os dados definidos e encapsulados por uma classe. Mas existem outros tipos de preocupações como características, aspectos, papéis, e pontos de vista, por exemplo. MDSOC denota [OSSHER & TARR, 2002] "separação das preocupações que envolvem:

- Dimensões múltiplas e arbitrárias de preocupação.
- Separação ao longo destas dimensões simultaneamente.
- A capacidade de lidar com novas preocupações, e novas dimensões de preocupação, de *forma dinâmica,* à medida que surgem ao longo do ciclo de vida do software.
- Sobrepor e interagir preocupações; é apelativo pensar em muitas preocupações como independentes ou "ortogonais", mas raramente estão na prática".

Na abordagem MDSOC, uma espécie de preocupação é considerada uma dimensão de preocupação. MDSOC envolve portanto a decomposição de software de acordo com uma ou mais dimensões de preocupação ou características e tem de suportar esta decomposição: simultaneamente, de forma incremental, e deve também ser capaz de representar e gerir preocupações sobrepostas e interactivas [Ossher & Tarr, 2002]. O problema que esta abordagem tenta resolver é a chamada "tirania da decomposição dominante", o que significa, no OOP a classe é a preocupação dominante e impede os programadores de separarem ordenadamente outros tipos de preocupações como características ou aspectos.

[Ossher & Tarr, 2002] desenvolveram uma abordagem particular à separação multidimensional das preocupações chamadas hiper-espaços. Os hiperespaços apoiam os objectivos do MDSoC, permitindo a identificação de quaisquer preocupações importantes, o

---

[16] Nesta abordagem, uma preocupação é considerada como a principal motivação para organizar e decompor o software em partes manejáveis e compreensíveis.

encapsulamento dessas preocupações e a gestão das relações entre eles, bem como a sua integração.

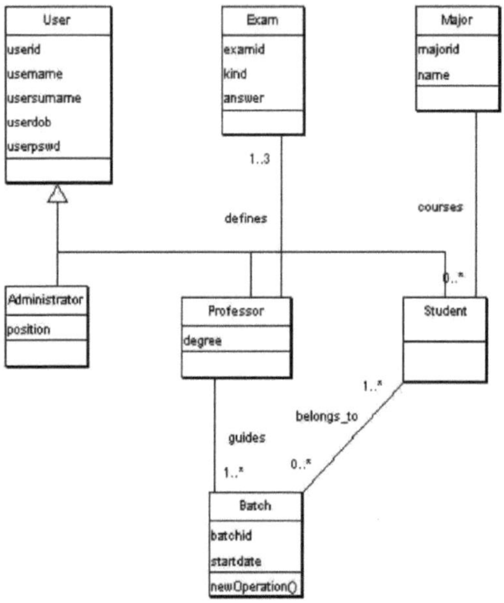

FIGURA 4. ESTRUTURA DE CLASSE DE Um SISTEMA DE E-LEARNING PROPOSTO

MDSoC é implementado por uma ferramenta chamada Hyper/J que apoia o conceito de *hiper-espaços* para java.

A título de exemplo, consideremos o seguinte diagrama de classes[17] e prevejemos uma abordagem não intrusiva para o re-modularizar.

Na Figura 5 introduzimos uma modularização baseada nas classes que compõem o *sistema Elearning*. A promessa da abordagem multidimensional é ser capaz de acrescentar uma dimensão adicional de preocupação. No nosso exemplo, estas são: "Administração", "Estudante" mostrado no eixo de características desta figura.

[17] Para os meios deste exemplo, a Figura 4 deve ser suficiente. A descrição do sistema e da estrutura de classes pode ser encontrada em: J. Fox, "E-learning support system", nisiet, Hyderabad, Índia, Março de 2002.

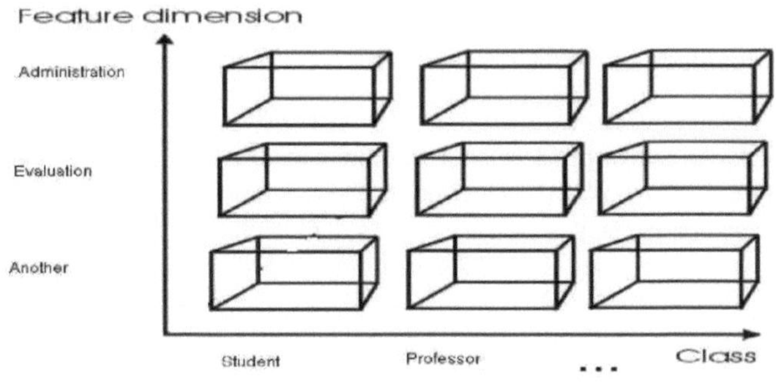

FIGURA 5. ESTRUTURA MULTIDIMENSIONAL DO ELSS

Hyper/J[18] permite o encapsulamento de preocupações relacionadas com cada dimensão de característica e poder criar, apagar ou acrescentar preocupações aos pacotes java existentes.

A parte seguinte da secção 3 tratará das actuais tentativas de identificação de aspectos definidos como "código emaranhados" em código.

Identificação de Aspectos em Programas

Juntamente com a necessidade de encontrar aspectos nos requisitos, foi também realizada investigação para ajudar a identificar aspectos no código existente.

Uma ferramenta que ajuda na mineração de aspectos em programas será descrita neste trabalho. É AMT 0.6 por Jan Hannemann na Universidade de British Columbia.

Citando o autor: "The Aspect Mining Tool (AMT) fornece um quadro de análise para a identificação de preocupações e compreensão do sistema... Actualmente, a AMT oferece técnicas de análise léxica e baseada em tipos".

AMT consiste em duas partes. A primeira é o Analisador, um programa que funciona em código de software java. O Analisador realiza uma análise léxica e uma análise baseada no tipo sobre o código. Este programa fornece a entrada para a segunda parte, a saber, o visualizador. O visualizador permite que o utilizador examine o código transversal nas

[18] Hyper/J é uma ferramenta que alcança o conceito de hiper-espaços em Java. Foi desenvolvido por Peri Tarr e Harold Ossher na IBM. Para mais informações, o leitor pode consultar: www.research.ibm.com/hyperspace

unidades de compilação do software. O visualizador detecta a confusão do código e executa medidas de qualidade de modularidade, tais como coerência e acoplamento do código.

Como exemplo, foi seleccionado e analisado um código fonte de demonstração do sítio web Hyper/J da IBM usando AMT. O visualizador destaca as linhas de código que estão dispersas pelas outras classes do programa de demonstração, mostrando assim as unidades de compilação espectral do candidato. Uma imagem do ecrã desta ferramenta pode ser encontrada no Apêndice C. AMT 0.6.

A interpretação da análise é levada a cabo pelo próprio programador. Uma vez que a ferramenta apenas destaca as linhas onde algum tipo de corte transversal é identificado, cabe ao utilizador ver o código, segui-lo minuciosamente e decidir que unidades destacadas são aspectos. No entanto, é uma ferramenta valiosa que pode ajudar a refabricar o software.

Engenharia de requisitos (RE)

RE aborda os problemas associados aos objectivos, planos e processos empresariais. A RE apoia o desenvolvimento de sistemas concebidos para atingir objectivos organizacionais [Karakostas, V., Loucoupoulos, P., 1995].

RE é um processo que requer a participação de múltiplos actores ou partes interessadas. Estes intervenientes podem ser o cliente ou clientes, os membros da equipa de desenvolvimento envolvidos no processo de requisitos, utilizadores, e reguladores externos.

Foram propostos vários métodos para resolver os problemas associados à obtenção de especificações de requisitos úteis. Estes métodos são apoiados por técnicas de modelização adequadas para transmitir os conhecimentos adquiridos no processo RE.

A complexidade do processo RE provém dos diferentes objectivos estabelecidos pelas partes interessadas, objectivos esses que podem contradizer. Foram propostas abordagens orientadas para objectivos a fim de enfrentar a complexidade da RE. Foram identificadas quatro tarefas a serem executadas [Pohl 1996]:

1. elicitação de requisitos
2. negociação de requisitos
3. especificação de requisitos, e
4. validação dos requisitos

As duas primeiras tarefas envolvem uma série de etapas cujo fim é elaborar uma especificação de requisitos. A especificação contém todos os elementos, acções, relações, interacções que o sistema tem de cumprir. Os modelos de concepção são gerados com base na especificação. É nesta etapa que se encontram as fontes de transversais. Isto deve-se à presença de preocupações que se relacionam com várias partes do futuro sistema e não podem ser encapsuladas numa única entidade computacional. Este é o problema que exploramos neste livro. Foram propostas várias abordagens para resolver este problema, seleccionámos as que consideramos mais representativas. Propomos um quadro para identificar os cortes transversais na secção "Crosscutting from Use Cases": Um Caso de Loja Web".

Engenharia de requisitos orientada para o espectro : Aspectos iniciais

Separação de Preocupações em RE

Crosscutting from Use Cases: Um caso de Loja Web

Neste capítulo, exploramos os conceitos de Espaço Problemático e Espaço de Soluções, por outras palavras, os fenómenos do Mundo Problemático (PW, também chamado Espaço Problemático ou PS) e os fenómenos da interface PW- Máquina (também chamado Espaço de Soluções) na mão de um desenho de uma loja web. O objectivo é fornecer um exemplo formal que nos permita examinar como os requisitos se traduzem em artefactos de design.

Consideramos que o quadro seleccionado, Quadros de Problemas, aponta claramente para a distinção entre requisitos (no espaço do problema) e especificações (no espaço da solução). Exploramos a relação dos requisitos com as fases de desenvolvimento posteriores.

Neste trabalho, escrevemos requisitos sob a forma de casos de utilização e as suas especificações correspondentes como assinaturas, factos, e previsões na ligeira linguagem formal Alloy.

Estudo de caso: Uma Loja de Vestuário Online

O conceito de uma loja de vestuário online que aqui apresentamos foi desenvolvido pela primeira vez pela *BOC Consulting GmbH*. Uma versão modificada desta loja web por [loshpe, 2004] foi utilizada para uma aplicação de uma análise de segurança. Mais tarde referimo-nos à versão de loshpe em [Fox e Jurjens2007] e utilizámo-la como um estudo de caso para um modelo formal de composição de securityaspects. O modelo em ambos os casos já se encontra na fase de concepção de desenvolvimento. Neste trabalho, completamos e modificamos o modelo, acrescentando os requisitos do sistema sob a forma de casos de utilização. A motivação é fornecer um quadro para explorar alguns problemas que discutimos na publicação acima mencionada, sobre a orientação do espectro ao nível do código e do modelo. Agora, exploramos o mesmo estudo de caso, mais do ponto de vista dos requisitos.

Assim, completamos o estudo de caso com um modelo de sistema constituído por casos de utilização, um diagrama estrutural (diagrama de classes) e um modelo formal representando a estrutura e o comportamento de partes seleccionadas do sistema.

Inspiramos o nosso modelo de sistema nos seguintes diagramas, bem como numa loja Web real: www.dress-for-less.de:

- Diagrama de classes, ver Figura 16.
- Diagrama de implantação.
- Diagramas de actividade: Encomenda, Compra, Entrega ao ponto de recolha, e Entrega directa.
- Diagramas de sequências: Compra em 2 cenários, Encomenda em 4 cenários, Entrega em 3 cenários.

Corroboramos os nossos casos de utilização à mão dos diagramas existentes e deduzimos o modelo formal a partir dos casos de utilização.

Problema

Exploramos os conceitos de Espaço Problemático e Espaço de Solução, ou na linguagem de [Jackson2005], os fenómenos do Mundo Problemático (PW, também chamado Espaço Problemático ou PS) e os fenómenos na interface PW- Máquina[19] (também chamado Espaço de Solução), na mão do exemplo. O objectivo é fornecer um exemplo formal que nos permita examinar a forma como os aspectos em termos de orientação para o espectro surgem. Este último é o tema da teoria da orientação de espectro do autor.

Consideramos que o quadro seleccionado, Quadros de Problemas, aponta claramente para a distinção entre requisitos (no espaço do problema) e especificações (no espaço da solução). Uma vez que relacionamos aspectos com uma relação de rastreio em termos de requisitos e fases de desenvolvimento posteriores, esta distinção é útil para clarificar a nossa definição e classificação de aspectos.

Escrevemos requisitos sob a forma de casos de utilização e as suas especificações correspondentes como assinaturas, factos e previsões em Alloy [Jackson2003].

Descrição do sistema

A loja web é construída como a maioria dos negócios em linha. Permite aos clientes comprar artigos (vestuário) online. O cliente pode navegar num catálogo, seleccionar artigos, e

[19] A máquina é considerada como a construção que funciona num computador universal e que fornece a funcionalidade desejada.

comprá-los.

O cliente indica o endereço de envio, paga por cartão de crédito, o dinheiro é transferido para a loja online e a mercadoria é enviada através de um expedidor.

O gerente da loja estabelece o catálogo seleccionando o vestuário da oferta que o grossista apresenta no seu inventário correspondente (também chamado catálogo de armazém). Os preços são estabelecidos pelo preço base do grossista mais uma determinada margem determinada globalmente pelo gestor da loja juntamente com os custos de transporte.

Os casos de utilização são descritos a seguir. A Figura 6 mostra uma visão geral dos casos de utilização e actores.

Requisitos: Casos de utilização

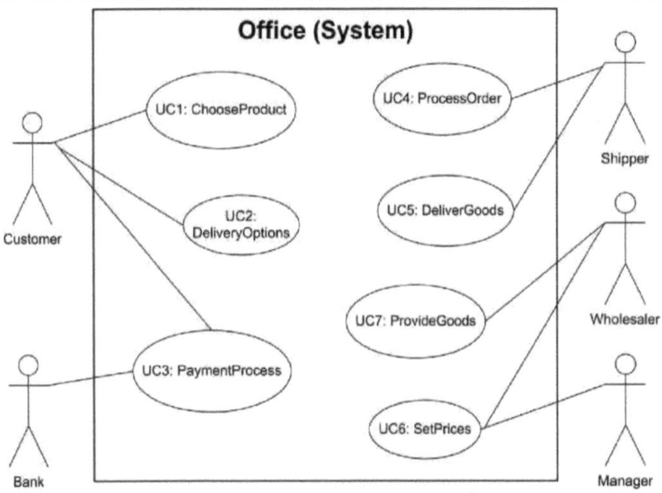

Figura 6. Visão geral dos casos de utilização

Caso de uso	EscolherProduto
Descrição	O cliente navega através do catálogo da loja e pode seleccionar artigos.
Actores relacionados	Cliente, Escritório
Pré-condição	A loja web está pronta para receber encomendas. O catálogo de artigos está definido, assim como os preços e custos de transporte.

Gatilho	O cliente selecciona a opção "pesquisar" ou "navegar" no catálogo.
Estado do posto	O cliente entrou com os artigos que pretende comprar no carrinho de compras. A factura preliminar está pronta.
Processo Padrão	1) O cliente navega no catálogo em busca de roupa. 2) Uma vez escolhido um artigo, o cliente selecciona o tamanho e a cor. 3) O cliente confirma a sua selecção. 4) O escritório regista o artigo no carrinho de compras. 5) O cliente continua a fazer compras. Repetir os passos 1 a 4 até ser seleccionada a opção "cash desk" ou "abortar". 6) O cliente assinala o fim das suas compras através da opção "cash desk" ou "abortar". a) Ao seleccionar a opção "cash desk" o escritório prepara uma factura preliminar e soma o total a pagar (incluindo os custos de transporte). b) Ao abortar, o carrinho de compras é limpo, os artigos são cancelados, e o menu principal é mostrado com uma mensagem: compras interrompidas.

QUADRO 1. UC1: ESCOLHERPRODUTO

Usar Caso 2	DeliveryOptions
Descrição	O cliente fornece um endereço de entrega ou selecciona um local de entrega (pick-point) a partir de uma lista.
Actores relacionados	Cliente, Escritório
Pré-condição	A selecção de artigos está encerrada. O carrinho de compras contém todos os artigos que o cliente deseja comprar.
Gatilho	Fechamento do carrinho de compras.
	O endereço de entrega (isto é, o ponto de escolha) é definido. O

Estado do posto

O carrinho de compras está completo.

A informação do cliente é registada (nome(s), morada de facturação, morada de entrega).

1) O cliente fornece o seu nome e morada de facturação.

Processo Padrão

2) Ele selecciona uma de duas opções de entrega possíveis:

a) Endereço de entrega. Ele fornece-a.

b) Ponto de escolha. Ele selecciona um de uma lista.

3) O escritório guarda a informação acima mencionada.

QUADRO 2. UC2: DELIVERYOPTIONS

<u>*Usar Caso 3*</u> <u>PaymentProcess</u>

Descrição

O cliente dá o número do seu cartão de crédito; o escritório verifica a sua conta através do banco. O banco debita o montante devido e transfere o dinheiro para a conta da loja virtual.

Actores relacionados Cliente, Escritório, Banco

Pré-condição Carrinho de compras concluído. A factura preliminar está pronta. O endereço de entrega, ou seja, o ponto de escolha, está definido.

Gatilho Fechamento do menu de entrega.

Estado do posto Montante facturado debitado da conta do cliente. Este montante é transferido para a conta da loja web. Sinal com "Ok" ou "tentar novamente" enviado ao cliente.

1) O cliente fornece o número do cartão e informações relacionadas no formulário web.
2) O escritório envia estes dados para o banco, juntamente com o montante devido.
3) O banco verifica as informações do cartão.

a) Se a informação estiver correcta, o montante

Processo Padrão	devido é debitado da conta do cliente. A loja web torna-se uma confirmação e sinaliza ao cliente "ok". b) Se a informação não estiver correcta, o banco envia uma mensagem de "tentar novamente". São permitidas até três tentativas. Posteriormente, o processo é abortado. 4) O escritório (loja web) confirma o resultado do processo ao cliente.

QUADRO 3. UC3: PROCESSO DE PAGAMENTO

<u>*Usar Caso 4*</u>	<u>ProcessOrder</u>
Descrição	O expedidor (empresa de transporte) prepara a entrega da mercadoria ao cliente.
Actores relacionados	Expedidor, Escritório
Pré-condição	O expedidor está pronto para atender a encomendas de transporte. O escritório estabeleceu a factura.
Gatilho	O expedidor recebe uma mensagem do escritório com as informações de expedição (lista de artigos e endereço de entrega ou ponto de recolha).
Estado do posto	O expedidor tem as mercadorias que devem ser entregues.
Processo Padrão	1) O escritório envia uma mensagem ao expedidor a respeito das entregas recentemente confirmadas. 2) O expedidor lê as entregas confirmadas a partir do sistema (escritório) e imprime-as. 3) O expedidor recolhe as mercadorias necessárias (de cada entrega) no armazém da empresa. 4) O escritório actualiza o inventário, ou seja, o catálogo. 5) O escritório prepara um calendário de entregas. 6) O expedidor imprime o calendário de entrega e faz ajustamentos em caso de necessidade.

QUADRO 4. UC4: COLLECTGOODS

Usar Caso 5	DeliverGoods
Descrição	O expedidor leva a mercadoria (artigos) para o endereço desejado.
Actores relacionados	Expedidor, Cliente, Escritório
Pré-condição	As mercadorias, facturas e horários estão prontos.
Gatilho	O expedidor aceita e imprime o horário.
Estado do posto	O cliente recebe a mercadoria e a factura.
Processo Padrão	1) O expedidor transporta a mercadoria de acordo com o calendário. 2) À chegada por cliente ou ponto de recolha, o expedidor regista a assinatura do destinatário. 3) O expedidor regista no sistema (escritório) a data e hora de entrega.

Quadro 5. UC5: DeliverGoods

Usar Caso 6	SetPrices
Descrição	O gestor estabelece a margem de lucro e os custos de transporte. O sistema (escritório) fixa o preço de cada artigo com base no preço base do grossista e na margem de lucro.
Actores relacionados	Gerente, Atacadista
Pré-condição	A recolha (Artigo, Preço) é fornecida pelo grossista.
Gatilho	O grossista modifica o catálogo com uma nova colecção.
Estado do posto	O catálogo da loja web está completo.

Processo Padrão	1) O grossista introduz novos artigos (fornece tamanho, preço, quantidade disponível, e cor). 2) O escritório sinaliza ao gestor que uma nova colecção está disponível. 3) O gestor selecciona artigos para o catálogo da loja web (em diferentes tamanhos, cores, e quantidades). Ele define o catálogo da loja web ao fazer isto. 4) O gestor entra no sistema (escritório) com uma margem de lucro global e custos de entrega. 5) O escritório estabelece o preço para o cliente para cada artigo (com base no preço base e na margem de lucro). 6) Com base na selecção de bens feita pelo gestor, o escritório faz uma encomenda antecipada. 7) O gestor verifica esta ordem prévia e eventualmente repete os passos 1 a 6 até aceitar a ordem prévia. 8) O escritório envia a encomenda ao grossista.

QUADRO 6. UC6: SETPRICES

Usar Caso 7	ProvideGoods
Descrição	O grossista entrega a mercadoria na loja web.
Actores relacionados	Atacadista, Escritório
Pré-condição	A encomenda (compra) é enviada para o grossista.
Gatilho	Recepção da encomenda.
Estado do posto	Os artigos são subtraídos do inventário do grossista e adicionados ao inventário da loja web (o catálogo que o cliente navega).
Processo Padrão	1) O grossista entrega a mercadoria na loja web. 2) O escritório actualiza os inventários. As mercadorias são subtraídas do inventário do grossista e adicionadas ao catálogo da loja virtual.

QUADRO 7. UC7: PROVIDEGOODS

Obtendo o Modelo Estrutural (Diagrama de Classe) a partir dos casos de uso Agora, deduzimos a estrutura e o comportamento do sistema a partir dos casos de uso. O método é simples. Tomamos os actores e entidades como classes candidatas. Com base nas acções mencionadas no processo padrão de cada caso de utilização, desenhamos as relações correspondentes e confirmamos quais as classes candidatas que aparecem como classes no diagrama. Estas são, na sua maioria, decisões de concepção. Na verdade, não é objectivo deste trabalho propor uma metodologia de desenvolvimento de software, descansamos antes na metodologia da orientação para o objecto (como em [Weitzenfeld2004]), e na prática comum.

Consideramos então cada diagrama parcial como parte do todo e iteramos uma vez que um caso de utilização subsequente se refere a um actor ou entidade já considerado. Em caso de necessidade, o diagrama é modificado em conformidade.

A seguir mostramos os diagramas parciais e o diagrama de classes global que elaborámos.

Usar Caso 1

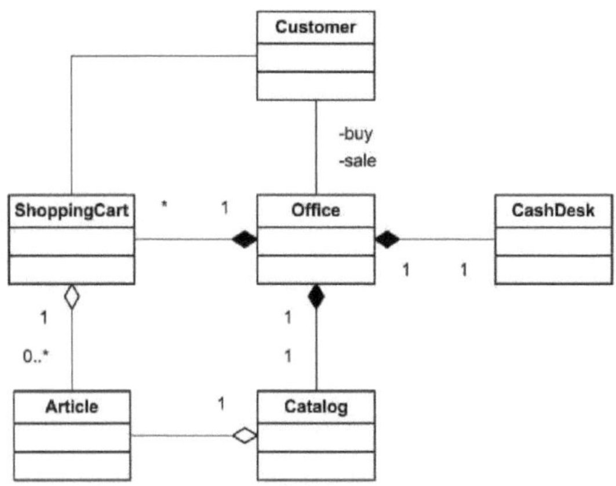

Figura 7. Aulas da UC1

Associamos actores e entidades (substantivos) a aulas preliminares. Posteriormente, revemos o diagrama resultante em função das relações descritas no caso de utilização entre classes. Posteriormente, procuramos os atributos de classe sob a forma de substantivos e qualificadores. O processo é iterado quando uma instância comum num caso de utilização subsequente contradiz ou melhora o diagrama parcial existente.

Por exemplo, o **cliente** actor é mencionado várias vezes nos casos de utilização. Na Tabela 1 observamos que o **cliente** *compra* (relação) no **escritório** (loja virtual) seleccionando artigos e colocando-os num **carrinho de compras**. Dado o seu tipo de existência autónoma, o **carrinho de compras é transformado** numa classe. Também neste caso de utilização, a selecção do vestuário (**artigo**) é completada pela escolha: tamanho e cor, estes incorporamos como propriedades do **artigo**, pelo que os fazemos aos atributos desta classe. Avançamos de forma semelhante ao longo dos sete casos de utilização e iteramos sempre que uma classe, relação ou atributo é contrariada ou melhorada. Este processo termina quando o último caso de utilização é traduzido num diagrama de classe parcial e depois elaboramos o diagrama estrutural completo, reunindo os diagramas parciais.

O comportamento é deduzido noutra ronda de iterações. Estas são escritas sob a forma de especificações juntamente com a estrutura, particularmente como assinaturas, predicados e factos em Liga.

USAR CASO 2

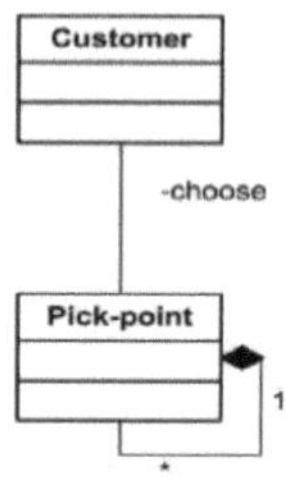

FIGURA 8. AULAS DA UC2

Adicionamos nome de atributos e endereço de facturação ao **cliente**, fazemos **Pick-point** a uma classe e adicionamos a relação *escolhida* entre ela e **Pick-point**, que é gerida como um composto de vários Pick-points (considerados como endereços de entrega predefinidos).

USAR CASO 3

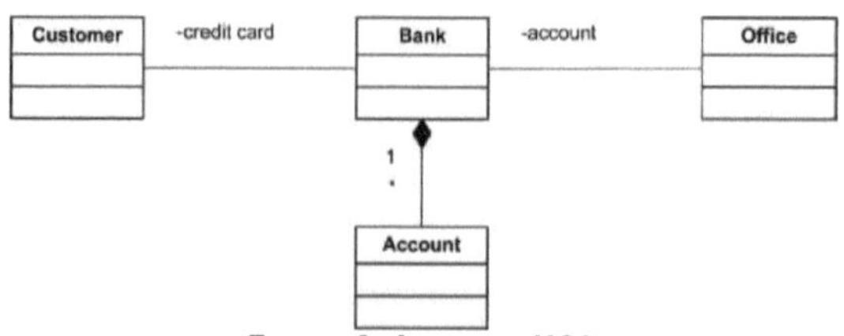

FIGURA 9. AULAS DA UC3

Identificámos as classes mostradas na Figura 9, contudo, após a leitura do caso de utilização correspondente em busca de atributos, tornou-se evidente que **a conta** deve ser tratada como uma *classe abstracta* com duas classes concretas: . Isto foi decidido considerando a diferença entre uma conta de **cheque** e uma conta de cartão de crédito no que diz respeito aos atributos que cada uma poderia conter. Portanto, a conta de **cheque de** classe tem atributos *número de conta* e *saldo*, enquanto que a conta de cartão de **crédito** tem atributos *número de cartão* e *crédito*. Isto exemplifica uma iteração (como explicado acima) que realça a Figura 9 e resulta na que se segue.

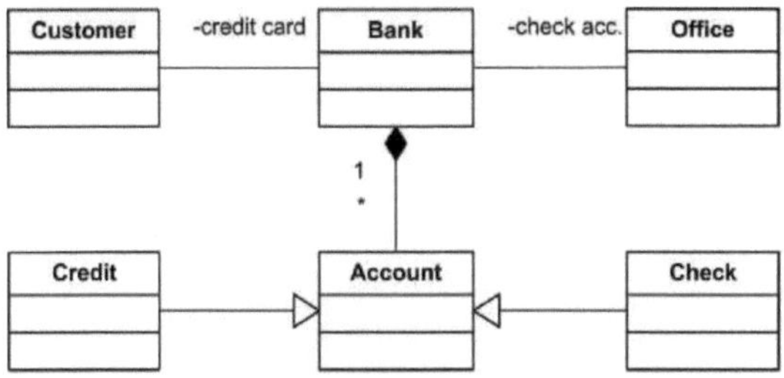

FIGURA 10. CLASSES MODIFICADAS DA UC3

USAR CASO 4

Dado que o escritório necessita de actualizar os inventários, adicionamos uma quantidade de atributo (qty) ao **artigo de** classe. A maioria das outras questões relacionadas com os elementos neste caso de utilização já foram consideradas.

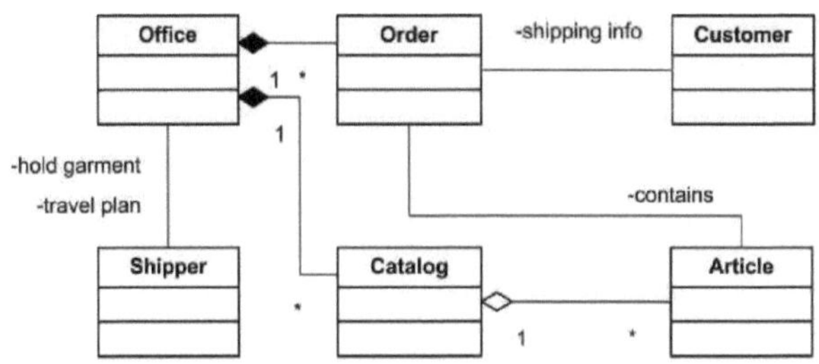

FIGURA 11. Aulas DA UC4

USAR CASO 5

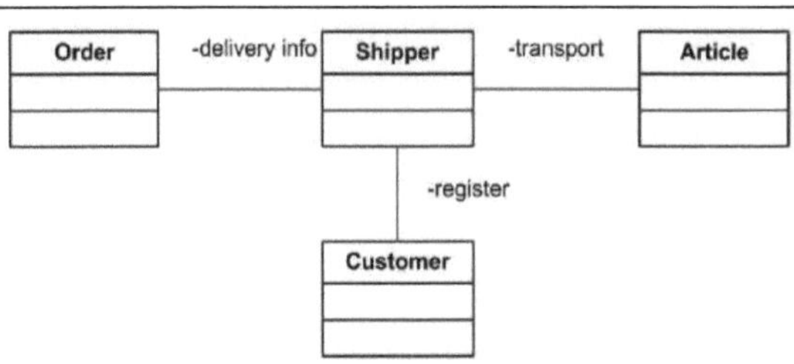

FIGURA 12. AULAS DA UC5

A **encomenda de** classe recebe os atributos *data de entrega*, *prazo de entrega* e *assinatura* (assinatura do cliente).

Decidimos transformar o **catálogo de** classes numa classe abstracta com duas generalizações: **StoreCatalog** e **WhouseCatalog**, a fim de diferenciar ambos os inventários (inventário da loja web e inventário do grossista). Recordamos que neste caso de utilização o gestor da loja web selecciona artigos da colecção disponibilizada pelo armazém.

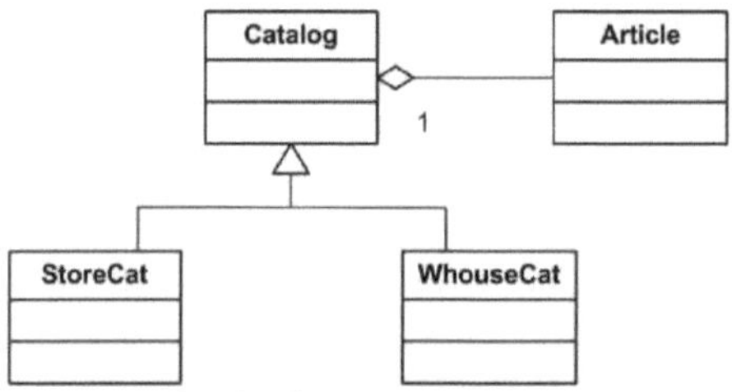

FIGURA 13. AULAS DA UC6. CATÁLOGO COMO CLASSE ABSTRACTA COM DOIS GENERALIZAÇÕES

A classe **cujo gato** está relacionado com o armazém. Uma vez que o **armazém do** actor é mencionado neste caso e no caso de utilização seguinte, este actor é feito para a classe correspondente. O **armazém de** classe está relacionado com o **escritório de** classe. Estas relações são acrescentadas no diagrama global (ver Figura 16 na página 45). Veremos mais adiante, que a especificação do catálogo aponta para decisões de design interessantes quando se trata de modelagem em Liga. Em suma, uma vez que iremos definir os atributos de classe como conjuntos (eventualmente como conjuntos de um só botão) podemos tirar partido de algumas características da linguagem, tais como a definição de conjuntos desajustados ajuda a garantir a utilização do caso 7.

De volta à UC6, uma vez que o gerente da loja web fornece uma margem de lucro global e custos de transporte. Estes atributos são atribuídos ao **escritório de** classe. Também exigimos a adição de **artigo de** classe com um preço de atributo. O último será utilizado como preço base se o artigo pertencer ao WhouseCat ou como preço final no caso de pertencer ao StoreCat.

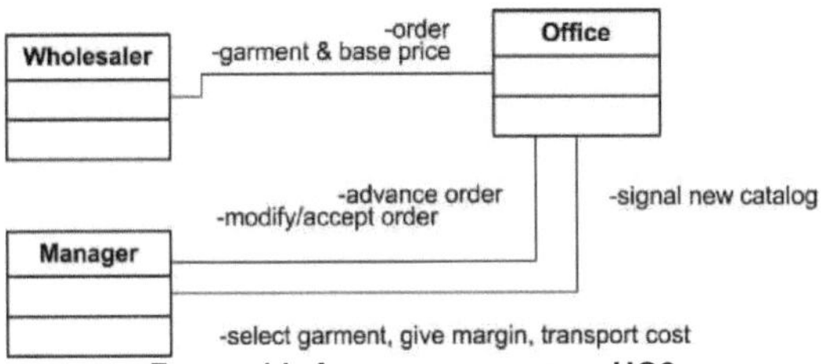

FIGURA 14. AULAS ADICIONAIS DA UC6

USAR CASO 7

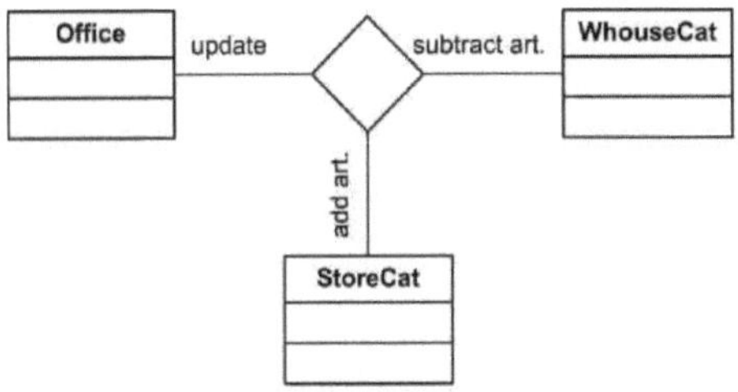

FIGURA 15. AULAS DA UC7

Este caso de utilização introduz a relação n-ary update/subtract/add article to/f from the correspondente catalog. Agora, podemos completar o modelo estrutural, estabelecendo os diagramas parciais em conjunto, em caso de incoerências, voltaríamos a iterar

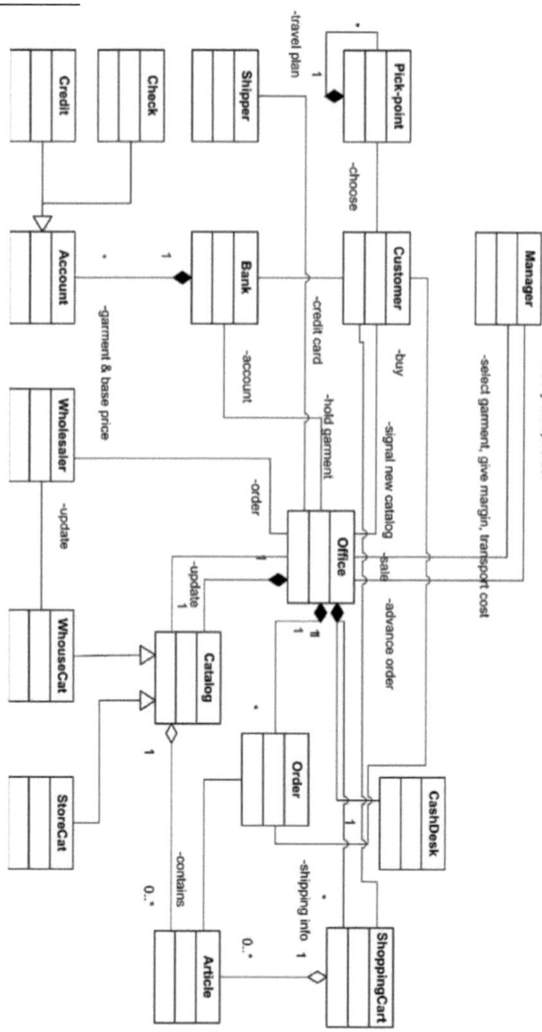

FIGURA 16. DIAGRAMA DE CLASSES DA LOJA VIRTUAL

ESPECIFICAÇÕES

O nosso modelo de loja web é construído sobre uma linguagem formal relativamente fácil de compreender, apoiada por cálculos predicados, relacionais, e "navegacionais". O objectivo é prever um estudo de caso sobre o qual possamos ilustrar uma premissa, nomeadamente que as preocupações transversais (em termos de orientação para o espectro) são requisitos formulados no espaço do problema que, depois de traduzidos em conceitos do espaço de solução (por exemplo, unidades de modularização, tais como objectos ou componentes lógicos), podem ser rastreados até mais do que uma dessas unidades no espaço de solução. Além disso, os aspectos são definidos como um softwareabstraction adicional ou conceito que apoia a modularização de tais preocupações transversais.

A LINGUAGEM FORMAL: LIGAS

Recordamos esta subsecção de [Jackson2006]. Todas as estruturas na ligeira linguagem formal da Liga são construídas a partir de *átomos* e *relações*. Os átomos são as entidades básicas e as relações são construídas entre eles. Um átomo é uma entidade primitiva; é *indivisível*, *imutável* e *não-interpretada*. A fim de modelar algo que é divisível, mutável ou interpretado, precisamos de especificar *relações*. Uma relação é uma estrutura que relaciona átomos.

No cerne desta linguagem de modelação está uma lógica pequena e expressiva. É uma lógica relacional que combina os quantificadores da lógica de primeira ordem com os operadores do cálculo relacional. Uma característica particular da Liga é a sua generalização da noção de união relacional. Em suma, uma relação é um conjunto de tuplos; os conjuntos são representados como relações com uma única coluna e os escalares[20] como [21]conjuntos de um único botão, pelo que o mesmo operador de união pode ser aplicado aos escalares, conjuntos e relações.

A lógica da liga suporta os seguintes estilos: cálculo predicado, expressão de navegação, e cálculo relacional.

CLASSDIAGRAMS E ALLOY MOD ELS

Nesta subsecção, desenhamos a relação entre os nossos diagramas estruturais (diagramas de classes) e o modelo de Liga que construímos sobre ele. Do mais alto para o mais baixo temos os seguintes níveis de abstracção nesta linguagem: o paradigma OO, a teoria do conjunto, e os átomos e relações. O último assemelha-se à verdadeira semântica da língua.

---

[20] uma escalar é uma variável ou campo que pode conter apenas um valor de cada vez.
[21] um singleton é um conjunto com exactamente um elemento

O exemplo seguinte (retirado do sítio tutorial da Alloy[22]) explica estes níveis.

Um **sinal de** assinatura **S**, estendendo-se **E**, tem um campo **F** do tipo **T**. Noutro ponto do modelo, aparece a expressão "**s.F**".

nós escrevemos:

```
sig S estende E {
  F:T
}

facto { todos s:S | s.F em X
}
```

<u>Interpretação orientada para objectos:</u>

S é uma classe

S estende a sua superclasse **E**

F é um campo de **S** apontando para um **T**

s é um exemplo de **S**

. acede a um campo

s.F devolve algo do tipo **T**

<u>Interpretação teórica de conjuntos:</u>

S é um conjunto (e o mesmo acontece com **E**)

S é um subconjunto de **E**

F é uma relação que mapeia cada **S** a alguns **T**

s é um elemento de **S**

. compõe as relações

[22] Para mais informações, ver http://alloy.mit.edu/ -> Alloy tutorial -> Sidenotes -> Três níveis de compreensão.

`s.F` compõe a relação unária s com a relação binária `F`, devolvendo uma relação unária de tipo `T`

Interpretação de átomos e relações:

`S` é um átomo (e o mesmo acontece com `E`)

os mapas de relação de contenção `E` a `S` (entre outras coisas que faz)

`F` é uma relação de `S` a `T`

os mapas de relação de contenção `S` a `s` (entre outras coisas)

`.` compõe as relações

`s.F` compõe a relação unária `s` com a relação binária `F`, resultando numa relação unária `t`, de tal forma que a relação de contenção mapeia `T` para `t`

Desta forma traduzimos a Figura 6 até à Figura 15 num modelo cuja sintaxe e semântica são fornecidas pela linguagem Alloy. Note-se que existem compostos, bem como agregações em algumas das figuras acima mencionadas. Por exemplo, na Figura 9 a relação *Banco* e *Conta* é pensada como um composto, uma vez que a *Conta* não deve pertencer a qualquer outra relação de montagem; enquanto que na Figura 7 temos duas montagens *ShoppingCart* com *Artigo*, bem como *Catálogo* com *Artigo*. Nas especificações estruturais correspondentes definimos os compósitos como agregados, uma vez que podemos acrescentar algumas restrições (sob a forma de *factos* em Liga) que restringem estas relações em conformidade.

A parte comportamental do nosso modelo será posteriormente expressa acrescentando factos, predicados, funções e afirmações à estrutura (assinaturas e relações).

Recordamos brevemente estes elementos linguísticos:

- Factos: definir constrangimentos que se mantêm sempre.
- Funções: expressar uma declaração para um resultado. As funções podem ter zero ou mais argumentos.
- Predicados: são denominados constrangimentos, também com zero ou mais argumentos.

STRUCTURALSPECIFICATIONFORUCI

```
module thesis/WebStoreUC1


--
-- Use Case 1
```

```
--

sig Customer {
name: Name,
billingaddr: one Address,
deliveryaddr: one Address,
-- buy_sale: Office,
-- sortiment: lone ShoppingCart
}

sig Address {
} --see UC2, UC4, and 5
sig Name {
} --see UC2
one sig Office {
cart: set ShoppingCart,
pos: CashDesk,
-- cat: one Catalog
}
sig CashDesk {
}
sig Article {
s: Size,
c: Color,
p:Price
}
sig Size{
}
sig Color {
}
sig Price {
}
/*
```

```
sig Catalog {
contains: Office lone -> Article
}
*/
sig StoreCat {
contains: Office lone -> Article
}
sig ShoppingCart {
contains: Customer lone -> Article
}
```

Table 8. ESPECIFICAÇÃO ESTRUTURAL DE LIGAS PARA UC1

O meta-modelo de liga correspondente é mostrado na figura 17. Este meta-modelo ilustra as entidades (átomos) e as suas relações admissíveis. Podemos notar que está intimamente relacionado com o diagrama de classes da Figura 7. No entanto, as relações de agregação e composição da Figura 7 não foram preservadas para a Figura 17. Em caso de necessidade, estas relações teriam de ser definidas em restrições (factos ou previsões) posteriormente. Neste caso, determinamos a aritmética das relações com o quantificador "solitário", como no Catálogo de assinaturas:

```
Catálogo sig { contém: Escritório solitário -> Artigo }
```

Desta forma, restringimos que apenas "um ou zero" escritórios estejam relacionados com qualquer número de artigos.

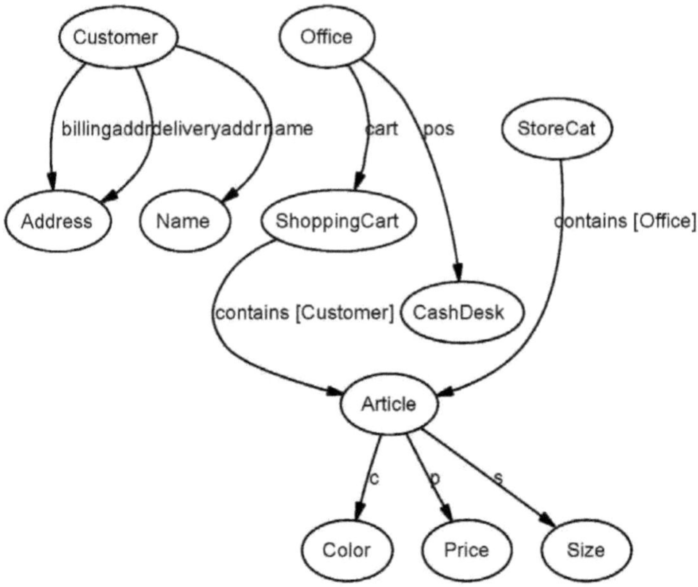

FIGURA 17. META-MODELO DE LIGAS DA UC1. RELAÇÕES ESTRUTURAIS

STRUCTURALSPECIFICATIONFORUC 2

```
module thesis/WebStoreUC2
--
-- Use Case 2
--
sig Customer {
pickpoint: Customer -> one Pickpoint,
deliveryAddr: Address
} -- fact forcing to have either one of Pickpoint or
deliveryAddres
--may be added here


sig Pickpoint {
```

```
name: Name,
address: one Address
}

sig Address {
}

sig Name {
}
```

Table 9. ESPECIFICAÇÃO ESTRUTURAL DE LIGAS PARA UC2

Notamos que, uma vez que **Pickpoint** contém efectivamente um endereço e também dada a relação *pickpoint* no **Cliente**, pode ser tratado como um conjunto, é equivalente a ter o pickpoint composto na Figura 8.

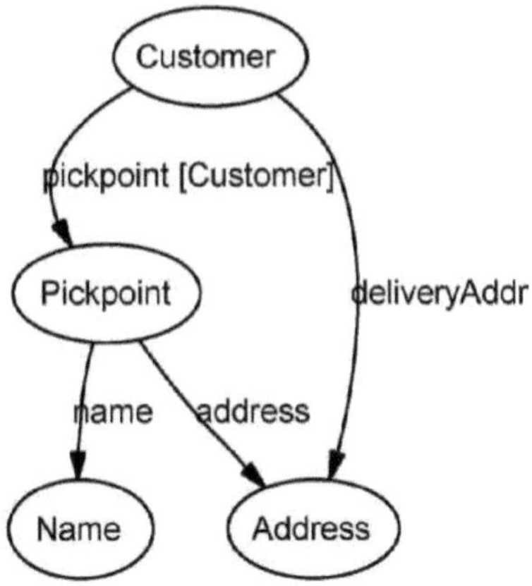

FIGURA 18. META-MODELO DE LIGAS DA UC2. RELAÇÕES ESTRUTURAIS

ESPECIFICAÇÃO ESTRUTURAL PARA UC3

```
module thesis/WebStoreUC3
--
-- Use Case 3
sig Customer {
```

```
}
sig Office {
}
sig Bank {
check_acc: Office -> Check,
credit_card: Customer -> Credit
}
sig Account {
balance: one Balance,
pin: one PIN,
accNumber: one Number
}
sig Check extends Account {
}
sig Credit extends Account {
limit: Limit
}
sig Number {
}
sig Limit {
}
sig Balance {
}
sig PIN {
}
```

Quadro 10. Especificação estrutural de ligas para UC3

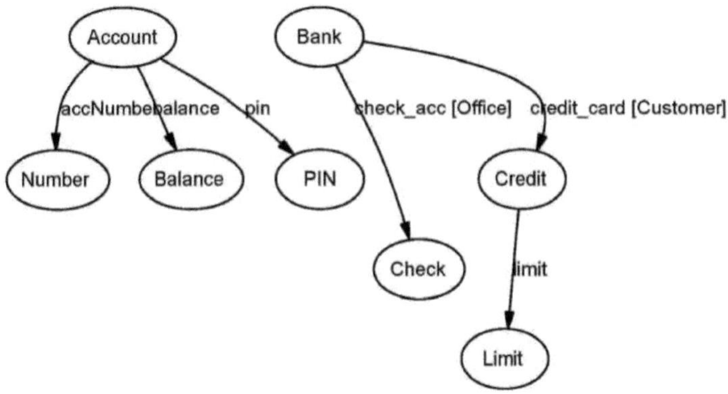

FIGURA 19. META-MODELO DE LIGAS DA UC3. RELAÇÕES ESTRUTURAIS

ESPECIFICAÇÃO ESTRUTURAL PARA UC4 E UC5

Procedemos como nos casos anteriores, embora nos baseemos em alguma informação de contexto ao mesmo tempo que definimos a assinatura do expedidor e as relações que esta contém. Decidimos relacioná-la explicitamente através do cliente com o endereço de entrega, a fim de facilitar a obtenção do plano de entrega. Consideramos também, por encomenda, as informações de entrega para cada cliente. Também incluímos aqui a UC5 como se segue, relacionamos *o registo* na Figura 12 com as *informações de expedição* na Figura 11 e incluímos na **Deliveryinfo** o *endereço de* relação: *Cliente-> Endereço.* Desta forma, a UC5 está também incluída na especificação e diagrama abaixo.

```
module thesis/WebStoreUC4
--
-- Use Cases 4 and 5
--

sig Office {
cat: lone Catalog,
ord: set Order
}

sig Order {
shipping_info: Customer  -> DeliveryInfo
```

```
}
sig DeliveryInfo {
address: Customer-> Address,
date: Date,
time: Time,
sign: Signature
}
sig Customer {
}
sig Shipper {
holdgarment: Order -> Article,
travelplan: Customer->Address
}
sig Catalog {
contains: Office lone -> Article
}
sig Article {
qty: Quantity
}
sig Quantity {
}
sig Date {
}
sig Time {
}
sig Signature {
}
sig Address {
}
```

QUADRO 11. ESPECIFICAÇÃO ESTRUTURAL DE LIGAS PARA UC4 E UC5

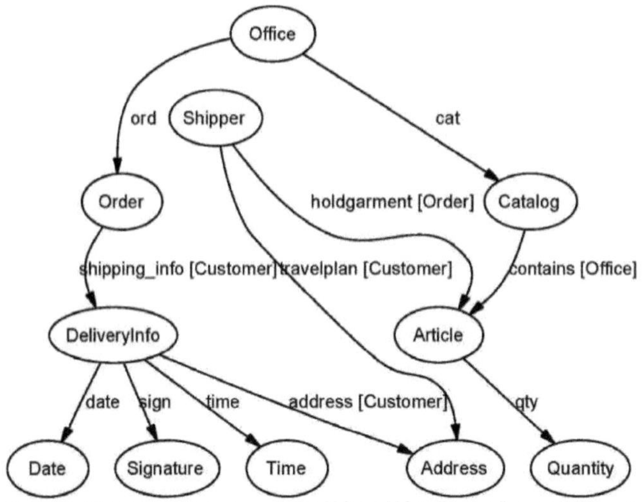

FIGURA 20. META-MODELO DE LIGAS DA UC4 E UC5. RELAÇÕES ESTRUTURAIS

STRUCTURALSPECIFICATIONFORUC 6

Seguindo a Figura 13 e considerando que não existe uma forma explícita de herança expressa em Liga, baseamo-nos na informação do contexto, bem como na especificação anterior relativa ao Catálogo e **Artigo** do Quadro 8. Especificação estrutural da Liga para a UC1, onde já definimos a relação entre ambos. Acrescentamos a relação de herança do **catálogo** ao **Storecat** e **Whousecat** como duas relações de Office e Warehouse em cada caso, contudo a relação Office ao Catálogo já foi fornecida, pelo que simplesmente acrescentamos *whousecat: Wholesaler lone -> Artigo no* quadro abaixo.

A partir da Figura 14 acrescentamos as relações correspondentes quando o comportamento é especificado. O mesmo no caso do Caso de Utilização 7, uma vez que relações como actualizar, subtrair arte, e adicionar carrinho, são na realidade expressas na parte funcional do modelo.

```
module thesis/WebStoreUC6
--
-- Use Case 6
--

sig Office {
-- already defined in UC1
}
sig Catalog {
contains: Office lone -> Article, --we may rename
it to storecat
whousecat: Wholesaler lone -> Article
}
sig Wholesaler {
}
sig Article {
}
```

TABELA 12. ESPECIFICAÇÃO ESTRUTURAL DE LIGAS PARA UC6

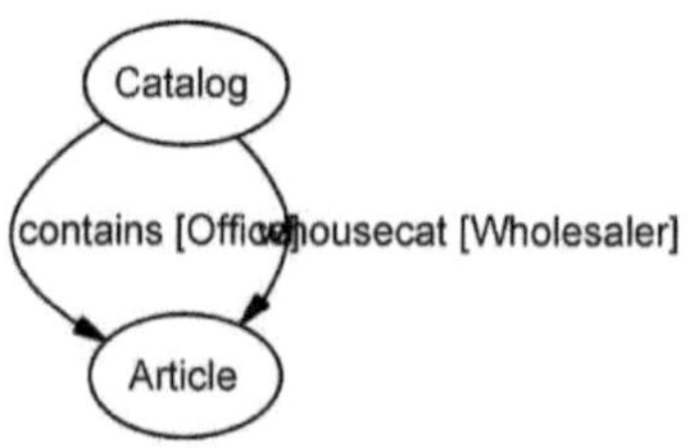

FIGURA 21. META-MODELO DE LIGAS DA UC6. RELAÇÕES ESTRUTURAIS

Até agora, temos um modelo de sistema estrutural gerado a partir de artefactos de requisitos (informais), tais como casos de utilização.

Como passo seguinte, precisamos de especificar o comportamento do sistema, particularmente Utilizar o Caso 1. Transformar o comportamento mencionado nos casos de utilização para uma especificação de comportamento real é muito mais exigente do que obter a estrutura. As decisões de concepção são muito mais ricas e não existe uma forma fácil de traduzir o processo padrão para previsões, factos, e relações entre as assinaturas. O projectista tem de confiar em 50 práticas no desenvolvimento de software, baseando os seus projectos de decisão em cartas de estado, diagramas de sequência e outras fontes esquemáticas.

ESPECIFICAÇÃO ESTRUTURAL GLOBAL

COMPORTAMENTAISESPECIFICAÇÃO S

Após a obtenção da estrutura, precisamos de modelar o comportamento do sistema. Isto permite-nos elaborar posteriormente o rastreio dos requisitos até às especificações. Ao trabalhar com a Liga, é preciso ter em mente que a estrutura e o comportamento são modelados em termos de cálculo relacional, que de alguma forma difere das abordagens mais imperativas (por exemplo, máquinas de estado finito ou similares). Por conseguinte, implica pensar em termos de condições e não de procedimentos.

RASTREIO (FUNCIONAL) REQUISITOS PARA ESPECIFICAÇÕES

Como mencionado na página 33, este trabalho fornece um exemplo para explorar a fonte do corte transversal na tradução de requisitos para especificações (ou desenho). Nomeadamente, na transformação de um espaço problemático para um espaço de solução, que é onde podemos identificar os requisitos que as unidades de modelação de corte transversal, tais como as especificações. Através deste exercício, conseguimos o esquema para o traçado acima mencionado.

Uma fonte de cortes transversais deve-se às limitações da programação existente, bem como aos paradigmas de concepção. Como exemplo, considere a orientação dos objectos. O bloco de construção na orientação dos objectos é a classe, que consiste em dados e métodos. Algumas funcionalidades mencionadas nos requisitos podem ser comuns a várias classes. Os métodos que implementam tais requisitos estão repartidos por várias classes. Por exemplo, o predicado especificando a navegação do catálogo no nosso exemplo de loja Web. Este predicado afecta as classes: Office, Catálogo, Artigo e dependendo de outra decisão de concepção, também ShoppingCart; ver Figura 22

Comparar isto com uma função para o cliente fornecer o seu nome e endereço Esta função funciona apenas em clientes de classe.

Identificação precoce do aspecto

Na secção seguinte serão introduzidos alguns dos quadros recentes para a identificação de aspectos nos requisitos. Como o leitor poderá notar, uma importante linha de investigação decorre da abordagem do ponto de vista da engenharia de requisitos e é posteriormente melhorada pelos pontos de vista com o conceito de casos de utilização espectral.

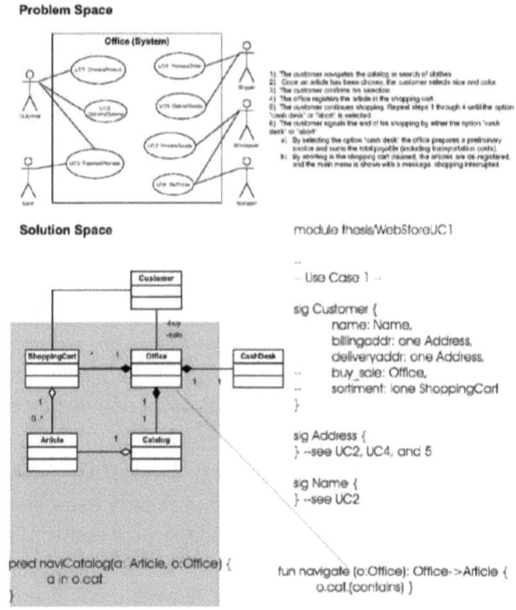

FIGURA 22. FONTE DE CORTE TRANSVERSAL: REQUISITOS DE RASTREIO DE ACORDO COM AS ESPECIFICAÇÕES [FOX2008].

Engenharia de Requisitos Orientada para o Espectro: Aspectos iniciais

A fim de descrever as seguintes abordagens, vamos primeiro estabelecer o que entendemos sob os conceitos de requisitos funcionais e não-funcionais. Os Requisitos Funcionais (FR) captam o comportamento pretendido do sistema. Este comportamento pode ser expresso como serviços, tarefas ou funções que o sistema é obrigado a executar, enquanto que os Requisitos Não Funcionais (FR) incluem restrições e qualidades [Malan e Bredemeyer, 2001a]. Estes conceitos serão referidos no resto do capítulo. A seguinte definição de FR e NFR ajuda a clarificar os conceitos.

"Os requisitos funcionais estão a definir as características do espaço problemático. Os - requisitos não funcionais, de concepção e de implementação estão a limitar as características (ou restrições) do espaço de solução. [Tracz; 95]

Pontos de vista

Considerando aspectos como preocupações transversais, precisamos de um quadro que nos permita primeiro identificar diferentes fontes de preocupações, diferentes perspectivas ou visões em relação a um sistema de software. Uma estrutura existente para isso são pontos de vista para análise de processos e requisitos. Um ponto de vista (VP) "é qualquer ângulo a partir do qual um sistema pode ser considerado" [Sommerville, 1996]. É também definido como um "encapsulamento de informação sobre algum sistema ou processo" pelo projecto "Adaptação e melhoria da Engenharia de Requisitos para segurança e fiabilidade" [REAIMS/WP5.1/LU060]. Os VPs são utilizados para apoiar uma estrutura de concepção centrada no utilizador para a engenharia de requisitos, bem como para a análise de processos. Os VPs são eventualmente mapeados para classes de utilizadores finais que pertencem a um sistema ou a sistemas com interface com ele [Kotonya e Sommerville, 1996]. Os VP são utilizados para observar um problema de diferentes perspectivas, facilitando assim a organização dos requisitos de software. Além disso, não são apenas utilizados para organizar, mas também para ajudar a determinar os próprios requisitos [Sommerville, 2001]. Consideremos que na fase de engenharia de requisitos as diferentes partes interessadas declaram as suas necessidades, algumas das quais podem sobrepor-se e outras podem mesmo desafiar-se umas às outras. Os pontos de vista fornecem um quadro para identificar e resolver tais conflitos.

Seguindo os pontos de vista de Kotonya e Sommerville podem ser fontes de dados, fluxo de dados, estruturas ou fornecedores de serviços relacionados. É a soma dos diversos VPs que ajuda a criar uma especificação mais completa dos requisitos.

O projecto REAIMS melhorou as noções anteriores de pontos de vista. Desenvolveram duas variantes: VPs para a análise dos requisitos dos sistemas, e VPs para a análise de processos complexos. Para efeitos desta secção, serão considerados os VPs para os requisitos.

Por definição, um ponto de vista é um encapsulamento de dados sobre algum sistema ou processo, derivado de alguma perspectiva específica ou foco para ele [REAIMS/WP5.1/LU060].

Elementos de um ponto de vista

Um VP consiste em: nome, foco, preocupações, Fontes, e Análise. Cada elemento será descrito nas linhas que se seguem.

- Nome do VP: utilizado para identificar o VP e deve normalmente reflectir o seu foco.

- VP foco: uma declaração da perspectiva por ela adoptada. O foco de um ponto de vista é a sua característica definidora. "Não há dois pontos de vista com o mesmo foco ..., mas dois pontos de vista podem ter focos que se intersectam".
- Preocupações do VP: reflectem os objectivos e constrangimentos organizacionais que conduzem o processo de análise. Representam frequentemente as prioridades organizacionais. As preocupações são delineadas pela gestão estratégica de uma organização e são primeiro expressas a um elevado nível de abstracção. Por exemplo: segurança, disponibilidade, funcionalidade, e capacidade de manutenção.
- Fontes VP: identificações explícitas das fontes de informação associadas ao ponto de vista.
- Análise de VP: a informação aqui é uma descrição parcial do processo quando utilizada para análise do processo. Quando utilizada para análise de sistema, a informação é uma descrição parcial dos requisitos do sistema.

PONTOS DE VISTA DE REQUISITOS

A abordagem orientada para os pontos de vista ajuda nas fases de descoberta e análise dos requisitos, fornecendo pontos de vista de requisitos (RV). Os RV "são encapsulamentos de informação sobre os requisitos do sistema e (ajudam a) especializar o conceito genérico de pontos de vista" [REAIMS/WP5.1/LU060].

Um ponto de vista de requisitos tem cinco componentes principais:

VP = { Nome, Foco, Requisitos, Fontes, Preocupações }

A principal diferença entre um VP e um RV é que este último não tem secção de análise, mas inclui uma secção de "requisitos". Esta secção consiste de um conjunto de requisitos que reflectem as necessidades particulares do ponto de vista em foco. Os requisitos são identificados através da utilização das necessidades e prioridades organizacionais como motores da análise.

O exemplo seguinte ajuda a clarificar os componentes de um ponto de vista.

Ponto de vista dos requisitos para o sistema de apoio ao E-Learning [23]	
Nome	Controlo de acesso
Em foco	Todos os aspectos do sistema de e-learning que exigem direitos de acesso e autenticação do utilizador
Preocupações	Segurança. O software deve ser concebido de modo a que a informação privada seja protegida e disponibilizada apenas a utilizadores previamente autorizados.
Fontes	Gestão universitária
Requisitos	Controlo de acesso, registo, localização de registos

QUADRO 13. Um PONTO DE VISTA DE REQUISITOS DO SISTEMA DE APOIO AO E-LEARNING

Uma vez explicados os conceitos subjacentes à abordagem dos pontos de vista, pode ser introduzido um modelo de identificação de aspectos utilizando pontos de vista na subsecção seguinte.

MODELO DE IDENTIFICAÇÃO PRECOCE DE ASPECTO

Este é um modelo de Awais Rashid [Rashid et al, 2002]. Este modelo apoia a separação das propriedades funcionais e não-funcionais transversais ao nível dos requisitos. O modelo é baseado no método PREview [24]e na utilização de Viewpoints[25] .

O modelo de identificação precoce de aspectos organiza os requisitos em termos de vários pontos de vista. Os passos seguintes são sugeridos a fim de identificar aspectos: Primeiro, identificação de preocupações e descoberta de requisitos. Em seguida, as preocupações têm de ser especificadas com mais pormenor. Se uma preocupação cruzar vários requisitos, ou seja, se uma preocupação puder influenciar ou restringir mais do que um ponto de vista, é considerada um aspecto candidato. Posteriormente, os aspectos candidatos têm de ser especificados em pormenor e refinados através da identificação de interacções e conflitos entre eles.

[23] FOX, 2002 OP CIT

[24] Este método foi desenvolvido na Universidade de Lancaster. É um método de engenharia de requisitos orientado para o ponto de vista que apoia a elicitação, análise e gestão dos requisitos a partir de múltiplas perspectivas.

[25] Para uma descrição mais detalhada sobre os Viewpoints ver também [Sommerville, 2001].

Finalmente, as áreas afectadas por aspectos ou as dimensões de um aspecto têm de ser identificadas. De acordo com os autores, os aspectos na fase de requisitos podem ser descritos em termos de duas dimensões:

- *Mapeamento*: um aspecto pode mapear uma característica/função do sistema (por exemplo, um método simples), decisão (uma decisão de escolha de arquitectura) e aspecto de design (por exemplo, tempo de resposta). Esta é a razão pela qual os autores escolheram chamar aos aspectos nesta fase RE *aspectos candidatos* porque podem não cartografar directamente um aspecto em fases posteriores do ciclo de desenvolvimento.
- Influência: um aspecto pode influenciar diferentes pontos de um ciclo de desenvolvimento, por exemplo, um aspecto de tempo de resposta pode ter impacto tanto na arquitectura como na concepção detalhada.

Ambas as dimensões são diferentes na medida em que a primeira, mapeamento, se refere ao artefacto que acabará por realizar o aspecto, enquanto a primeira, influência, se relaciona ou com: especificação, arquitectura, desenho ou evolução num ciclo de desenvolvimento.

• Analisador de Requisitos DEADA: JPREview 1.4

JPREview é um método de engenharia de requisitos orientado para o ponto de vista desenvolvido na Universidade de Lancaster. Apoia a elicitação, análise e gestão dos requisitos a partir de múltiplas perspectivas.

Esta ferramenta de engenharia de requisitos permite ao utilizador administrar Viewpoints[26] . Os pontos de vista foram descritos na secção anterior.

Com esta ferramenta, o utilizador pode agrupar os requisitos de acordo com o seu respectivo ponto de vista. O utilizador pode também listar e agrupar preocupações e requisitos externos. Não é claro o que os autores entendem por "requisitos externos", a partir da portagem JPREview parece possível considerá-los como requisitos que restringem as preocupações.

JPREview fornece a facilidade de descrever os requisitos, nomeando o seu foco e fonte. Como explicado anteriormente, o tipo de utilizador final a quem o requisito é dirigido, é

[26] Os pontos de vista são análogos aos dos clientes num sistema cliente-servidor. Os pontos de vista mapeiam as classes de utilizadores finais de um sistema ou com outros sistemas com interface com o mesmo. Os pontos de vista podem ajudar a apoiar um processo de desenho centrado no uso. [Kotonya & Sommerville, 1996].

chamado "Foco" em JPREview. Os requisitos também podem ser descritos pela fonte de onde provém o requisito, chamada "Fonte

A ferramenta mantém um registo dos pontos de vista e ajuda a dar prioridade aos requisitos como: Obrigatórios, altamente desejáveis, ou desejáveis. Os requisitos também podem receber qualquer um dos seguintes estatutos: pendente, rejeitado, ou aceite. O utilizador pode também definir preocupações[27] , sub preocupações, questões e requisitos externos. Os requisitos estão relacionados com requisitos externos e dizem respeito a questões, enquanto que os pontos de vista estão relacionados com o conjunto de preocupações definidas.

A ferramenta é um analisador de requisitos que funciona em relativo isolamento em relação a outras ferramentas de automatização da concepção de software. Isto significa que não está integrado com ferramentas que suportam as outras fases de produção de software. No entanto, é uma ajuda valiosa na administração de preocupações e requisitos em relação a pontos de vista. Um exemplo de resultados desta ferramenta pode ser encontrado no Apêndice B. Saída parcial de JPreview 1.4.

CASOS DE UTILIZAÇÃO ESPECTRAL

Outra abordagem baseada na utilização de pontos de vista é introduzida por [Araujo e Coutinho, 2003]. Esta abordagem abstrai requisitos funcionais em casos de utilização e relaciona-os com pontos de vista.

Araujo e Coutinho introduzem uma série de modelos que ajudam a identificar aspectos nos requisitos com base na abordagem dos pontos de vista. Agradecemos a João Araujo por nos permitir utilizar este material. Estes modelos são introduzidos no Apêndice D. Modelos do Método dos Requisitos Orientados para os Pontos de Vista. Esta é uma forma de identificar e descrever aspectos com base em casos de utilização

Os autores alargam a utilização do método dos requisitos orientados para o ponto de vista baseado em VORD [28]e Preview. Este método chama-se "Visão", e baseia-se na utilização de modelos que descrevem cada ponto de vista, modelos que descrevem casos de utilização e modelos que descrevem requisitos não funcionais (NFR). O método inclui modelos que relacionam pontos de vista e aspectos candidatos. Os aspectos candidatos são preocupações que afectam mais do que um ponto de vista e

[27] "..., por uma questão de generalidade, consideramos uma preocupação qualquer questão de interesse num sistema de software. (Este aspecto subsume como tem sido tradicionalmente definido)". [Sutton, S Jr., e Rouvellou I., 2002].

[28] Para mais informações sobre VORD [Kotonya e Sommerville, 1996] e [Araujo e Coutinho, 2003]

que podem ser identificados verificando se existe um caso de utilização que seja incluído por mais do que um ponto de vista ou que alargue mais do que um caso de utilização. Isto é conseguido com a utilização dos modelos de [Araujo e Coutinho, 2003].

As etapas do processo são as do modelo para a Visão que podem ser encontradas em [Araujo e Coutinho, 2003], são as seguintes: elucidar requisitos, identificar e especificar - requisitos não funcionais, identificar e definir pontos de vista, identificar e definir actores e utilizar casos para cada ponto de vista, identificar relações entre pontos de vista, definir comunicação entre pontos de vista, definir interacção entre pontos de vista e sistema, identificar e definir actores e utilizar casos para cada ponto de vista, associar NFR com pontos de vista e utilizar casos e identificar aspectos candidatos não funcionais, identificar casos de utilização espectral, identificar e resolver conflitos, e especificar requisitos.

Este método e os seus modelos relacionam os NFR com os pontos de vista e os casos de utilização e, ao mesmo tempo, relacionam os pontos de vista para utilizar os casos a fim de encontrar casos de utilização transversal e aspectos não-funcionais.

Araujo e Coutinho dizem isso:

"Tendo identificado e especificado casos de utilização, podemos verificar se existe um caso de utilização incluído por mais de um caso de utilização de um ou mais pontos de vista, ou se existe um caso de utilização que alarga mais do que um caso de utilização. Se for este o caso, temos um caso de utilização espectral, porque corta vários casos de utilização. ... Além disso, um caso de utilização aspectual seria aquele que corta vários pontos de vista".

A resolução de conflitos entre aspectos candidatos é realizada utilizando tabelas tais como o modelo A.4 no apêndice. O método apoia-se na abordagem de [Rashid, 2003] que utiliza uma tabela para verificar a contribuição entre os aspectos candidatos. A contribuição entre aspectos pode ser negativa ou positiva, lembremo-nos que Contribuição e Prioridade estão juntamente com os campos Nome, Descrição e Influência do modelo para descrever os NFRs. Uma contribuição negativa significa um conflito entre os aspectos candidatos. Outro modelo é sugerido para relacionar pontos de vista e aspectos candidatos em que são atribuídos pesos entre Casos de Uso e NFRs, a fim de facilitar a resolução de conflitos.

Uma crítica a esta abordagem baseia-se no facto de que a atribuição da "Contribuição" e da "Prioridade" para um determinado NFR com base nos modelos introduzidos pelos autores é deixada aos critérios do engenheiro de sistemas e estes fornecem orientações limitadas para completar esta tarefa.

REQUISITOS ORIENTADOS PARA O ASPECTO NA UML

Esta abordagem é uma extensão do "modelo de identificação precoce de aspectos" anteriormente introduzido. Esta abordagem propõe um processo de apoio aos requisitos transversais de engenharia com a UML.

Como descrito por [Araujo et al, 2002] "O processo é dividido verticalmente em três partes principais:

- Preocupações transversais: isto trata primeiro dos requisitos não funcionais[29] e depois identifica quais deles são transversais, ou seja, quais são os aspectos candidatos. ..
- Preocupações funcionais: esta técnica executa uma especificação tradicional de requisitos funcionais, neste caso, utilizando uma abordagem do tipo UML, em que o modelo de caso de utilização é a principal técnica de especificação.
- Requisitos compostos: isto começa pela composição de requisitos funcionais (modelados usando UML) com aspectos; depois identifica e resolve conflitos que possam surgir do processo de composição".

Os autores adoptam então os conceitos de sobreposição, sobreposição e invólucro para a parte de composição do modelo.

Esta abordagem permite uma identificação sistemática de aspectos e resolução de conflitos, deixando de fora qualquer extensão real às técnicas UML existentes. No entanto, os autores mostram a aplicação de diagramas de casos de utilização, diagramas de sequência, e esboçam como estes podem ser compostos com aspectos.

Outra abordagem aqui apresentada é a de [Pawlak et al, 2002]. Os autores sugerem uma notação sobre UML para definir aspectos nas primeiras etapas de análise e concepção do desenvolvimento de aplicações orientadas para o espectro. Esta notação introduz os seguintes conceitos: *grupos, aspectos* e *relações pontuais*.

"Um **grupo** representa um conjunto de objectos que não são instâncias necessárias da mesma classe ou super-classe. Assim, a noção de grupo permite ao projectista raciocinar sobre conjuntos de objectos heterogéneos, mas tipados em grupo" [Pawlak et

---

[29] considerando os requisitos não funcionais como propriedades globais de um sistema que restringem os requisitos funcionais.

al, 2002].

Os membros de um grupo também podem ser localizados em diferentes anfitriões ou contentores, abstraindo a distribuição da aplicação numa primeira etapa de refinamento. Os autores propõem a utilização de grupos como estereótipo na UML quando se especificam objectos de base num contexto orientado para um aspecto.

Uma **classe de aspect-class** tem atributos e métodos regulares, como uma classe regular, mas pode conter métodos que têm uma semântica particular. Tal como os autores propõem, a extensão é realizada em pontos de implementação bem definidos, de modo a que estes pontos utilizem efectivamente serviços de aspecto a fim de integrar novas preocupações. Os estereótipos seguintes podem ser utilizados:

<<antes>>> / <<após>>> / <<around>> / <<substituir>> / <<role>> / aspect-method ("argumentos contextuais").

Uma relação **pontual** destina-se a ligar alguns métodos de pontos a alguns pontos da classe base. A associação é estereotipada com <<pointcut>> e os papéis têm uma semântica especial a fim de indicar quais os métodos da classe cliente que são alargados por qual método de aspecto.

A proposta de Pawlak estende a UML por meio de estereótipos e semântica particular para um método específico. Esta abordagem baseia-se nos conceitos de Pointcut, .Join Points, e Introductions, explicados na secção Overview of AOP Languages. Além disso, introduz também o conceito de grupo, a fim de apoiar a descrição de sistemas distribuídos.

Considerando estas abordagens, parece haver consenso em considerar um NFR como transversal se este tiver influência em mais do que um caso de utilização. No entanto, a abordagem de [Araujo et al 2003] permite uma identificação e controlo mais precisos dos FLN transversais por meio dos modelos definidos na sua abordagem.

Como vimos nesta secção, a maioria dos autores partilha abordagens semelhantes ao estudo e negociação da contribuição das preocupações transversais em relação umas às outras, alguns propõem tabelas ou quadros para a sua realização, outros propõem esquemas de priorização, alguns uma combinação de ambos.

Conclusões

O presente trabalho delineou os principais conceitos e abordagens sobre a programação orientada para o espectro. O foco foi colocado principalmente na explicação de duas correntes do AOP, nomeadamente requisitos e código. Embora exista uma noção aceite de aspecto, consideramos que era necessária uma definição mais precisa de aspectos; por conseguinte, introduzimos um quadro para identificar e modelar na fase de requisitos para explicar a nossa definição. Neste trabalho, um aspecto é um requisito que é mapeado em várias unidades de modularização no processo de tradução de requisitos em artefactos de design. Ilustramos isto transformando casos de uso em especificações de liga, identificamos os aspectos no caso de especificações que se relacionam com mais do que uma especificação. Outras decisões de concepção podem ser tomadas para modelar aspectos e detectá-los nas mãos de técnicas existentes, tais como Pontos de Vista, Casos de Utilização Específica, modelação de aspectos UML, entre outros.

Desde os seus inícios, o AOP suscitou muitas expectativas, alguns trabalhos no terreno demonstram a sua utilidade na obtenção de uma maior modularização do C3· Tal como o trabalho em AspectJ, Filtros de Composição, e Hipermódulos. Estas propostas também abriram o caminho para alcançar um grau de adaptação dificilmente alcançável com as técnicas tradicionais de OO.

Em resumo, o nosso trabalho explorou os conceitos de AO, introduziu as suas principais implementações linguísticas, pesquisou técnicas de engenharia de requisitos AO e propôs uma forma de identificar o C3.

Referências

[Araüjo e Coutinho, 2003] Araùjo, J.; Coutinho, P., Identifying Aspectual Use Cases Using a Viewpoint Oriented Requirements Method, 17 de Março de 2003, páginas 1-6, Early Aspects 2003: Workshop, Boston, MA, EUA

[Araüjo et al, 2002]. Araùjo, J; Moreira, A.; Brito, I; Rashid, A, Aspect Oriented Requirements with UML, Out 2002, páginas 1-6, Workshop UML 2002, Dresden, Alemanha

[Czarnecki e Eisenecker, 2000]. Czarnecki, K e Eisenecker, U., Generative Programming, Methods, Tools, and Applications, Maio de 2000, 832 páginas, EUA, Addison-Wesley

[Elrad et al, 2001a] Elrad, T. et al, Aspect-Oriented Programming, Oct 2001a, Communications of the ACM, vol. 44 No. 10,29-32, ACM

[Elrad et al, 2001b]. Elrad T. et al., Discussing Aspects of AOP, Communications of the ACM, Oct 2001b, vol. 44 No. 10, páginas 33-38, ACM

[Fox e Jürjens, 2007] Jorge Fox e Jan Jürjens, "A Framework for Analyzing Composition of Security Aspects" in Proceedings of Methods for Modelling Software Systems (MMOSS), Internationales Begegnungs- und Forschungszentrum für Informatik (IBFI), 2007

[Fox, 2002] Jorge Fox, sistema de apoio E-Learning, nisiet, Hyderabad, Índia, Março de 2002

[Fox, 2008] Jorge Fox, A Theory of Aspect Orientation, Logos-Verlag, Berlim, ISBN 978-3-8325-1856-1, 2008.

[Gradecki & Lesiecki, 2003] Gradecki, J, e Lesiecki N., Mastering AspectJ, 2003, 434 páginas, Indianapolis USA, Wiley

[Ioshpe, 2004]. Anna Ioshpe, "Aplicação de Modelo Baseado em Projecto de Desenvolvimento de Sistemas, Universidade Técnica de Munique2004

[Jackson, 2003] Jackson, Daniel, "Alloy: A Logical Modelling Language".2003

[Jackson, 2005] Michael Jackson, "Problem frames and software engineering" in *Information and Software Technology, Special Issue on Problem Frames,* 2005, *47*, 903-912

[Jackson, 2006] Jackson, Daniel, Abstracções de Software. Lógica, Linguagem, e
Análise
MIT Press, 2006

[Karakostas, V., Loucoupoulos, P., 1995] Karakostas, V., Loucoupoulos, P. Systems Requirements Engineering, McGraw-Hill International series in Software Engineering, ISBN 0-07-707843-8

[Kiczales e Hilsdale, 2001]. Kiczales, G. e Hilsdale, E., Aspect Oriented Programming, Setembro de 2001, ACM SIGSOFT Software Engineering Notes, Vol. 26, Número 5, página 313, 8ª conferência europeia de engenharia de software, ACM SIGSOFT

[Kiczales et al, 2001]. Kiczales, G, et al., Getting start with AspectJ, Communications of the ACM, 44 No. 10, páginas 59-65, ACM

[Kiselev, 2003]. Kiselev, I., Aspect-Oriented Programming with AspectJ, 2003, 274 páginas, SAMS Pub., EUA

[Kotonya e Sommerville, 1996]. Kotonya, G. e Sommerville, I., Requirements engineering with viewpoints, Jan 1996, Software Engineering, Vol. 11 No. 1,150-163,Los Alamitos, CA,IEEE Computer Society

[Kurt, 2003] Kurth, M. , Problemas de programação orientada para um ponto de vista em relação ao AspectC++, Julho de 2003, Hauptseminar, TU-Chemnitz

[Malan e Brademeyer, 2001a] Malan, R. e Bredemeyer, D., Functional Requirements and Use Cases, Agosto de 2001a, www.bredemeyer.com/papers.html

[Ossher & Tarr, 2002] Ossher, H e Tarr P., Multidimensional Separation of Concerns and the Hyperspace Approach, in Aksit M, Software Architectures and Component Technology, Kluwer Academic Publishers, 2003

Partsch, 1991]. Partsch, Helmut, Handbuch der Informatik: Requisitos

Engenharia, 1991, 335 páginas, München, R. Oldenbourg Verlag,

[Pawlak et al, 2002]. Pawlak, R. et al, A UML Notation for Aspect Oriented Software Design, 4 de Março de 2002, Laboratório. Cedric-CNAM

[Pohl, K., 1996]. Pohl, K., Process-Centered Requirements Engineering, Taunton, Somerset, Inglaterra, Research Studies Studies Press Ltd.

[Rashid et al, 2002]. Rashid, A et al, Early Aspects: a Model for Aspect-Oriented Requirements Engineering, 2002, IEEE, páginas 199-202,IEEE

[Rashid et al, 2003]. Rashid, A; Moreira, A.; Araùjo, J., Modularisation and Composition of Aspectual Requirements, 2003, Communications of the ACM, páginas 11-20, AOSD 2003, Boston, MA, USA

[REAIMS/WP5.1/LU060]. Viewpoints for Process and Requirements Analysis, Issue: 1.3, 29-May-96, Lancaster University. Comercial em confidência

[Smaragdakis e Batory, 2002]. Smaragdakis, Y.; e Batory, D., Mixin Layers: An Object-Oriented Implementation Technique for Refinements and Collaboration, Abril de 2002, Communications of the ACM, Vol. 11 No. 2, páginas 215-255, ACM

[Sommerville, 1996] Sommerville, Ian, Software Engineering, 3rd Edition, Addison Wesley Ed., 1989, University of Lancaster

[Sommerville, 2001]. Sommerville, Ian, Software Engineering, 6ª Edição, Pearson Studium, 2001, München, Alemanha

[Sutton e Rouvellou, 2002]. Sutton, S Jr., e Rouvellou I., Modeling of Software Concerns in Cosmos, 2002, Communications of the ACM, pages127133, IBM TJ Watson Research Center

[Tarr e Ossher, 2002]. Tarr, P. e Ossher H., Hyper/J User and Installation Manual, 2000, www.research.ibm.com/hyperspace

[Tracz; 95] Tracz, Will, DSSA (Domain Specific Software Architecture) Exemplo Pedagógico, Software Engineering Notes vol. 20 No. 3, páginas 49-62, ACM SIGSOFT

[Grupo TRESE, 2006] Twente University TRESE Group, Compose* Annotated Reference Manual, Outubro, 2006

[Urban e Spinczyk, 2003] Urban, M. e Spinczyk, O., AspectC++ Language Reference, O. Spinczyk and Pure Systems GmbH, 2002-2003

Apêndices

APÊNDICE A. CÓDIGO E SAÍDA DO EXEMPLO TELECOM

O seguinte código é retirado dos exemplos que acompanham a instalação do AspectJ 1.1.0 da Xerox Corporation. As classes e ficheiros foram compilados para simulação básica.

AbstractSimulation.java
BasicSimulation.java
Chamada.java
Connection.java
Local.java
LongDistance.java
Cliente.java

Resultado da Simulação Básica:
jim chama mik...
[nova ligação local de Jim(650) a Mik(650)]
mik aceita...
ligação concluída
jim desliga...
ligação caiu
mik chama crista...
[nova ligação de longa distância de Mik(650) a Crista(415)]
a crista aceita...
ligação concluída
crista desliga...
ligação caiu

Classes e ficheiros compilados, por exemplo "Simulação de Facturação".
AbstractSimulation.java
BillingSimulation.java
Chamada.java
Connection.java
Local.java
LongDistance.java
Cliente.java
Timer.java
Billing.java [aspecto]
Timing.java [aspecto]

Código AbstractSimulation.java

```
pacote telecom;

classe pública abstracta AbstractSimulation {

    simulação pública de simulação estática AbstractSimulation;

    /**
```

```
* Cria objectos e põe-nos a trabalhar.
* /
execução pública nula() {
   Cliente jim = novo Cliente ("Jim", 650);
   Cliente mik = novo Cliente ("Mik", 650);
   Cliente crista = novo Cliente ("Crista", 415);

   digamos("jim chama mik...");
   Chamada c1 = jim.call(mik);
   esperar(1.0);
   digamos("mik aceita...");
   mik.pickup(c1);
   esperar(2.0);
   digamos("jim desliga...");
   jim.hangup(c1);
   relatório(jim);
   relatório(mik);
   relatório(crista);

   say("mik chama crista...");
   Call c2 = mik.call(crista);
   digamos("crista aceita...");
   crista.pickup(c2);
   esperar(1.5);
   digamos("crista desliga...");
   crista.hangup(c2);
   relatório(jim);
   relatório(mik);
   relatório(crista);
}

/**
* Imprimir um relatório do tempo de ligação para o cliente
* /
relatório de nulidade protegido por abstracto(Cliente c);

/**
* Esperar 0,1 segundos por "segundo" para simulação
* /
espera estática protegida (dois segundos) {
   Objecto manequim = novo Objecto();
   sincronizado (fictício) {
  //XXX trapacear e esperar apenas 0,1 segundos por segundo tentar
      {dummy.wait((long)(seconds*100)); } catch (Excepção e) {}
   }

}

/**
* Coloque uma mensagem na saída padrão
```

```
   */
   vazio estático protegido say(String s){
 System.out.println(s);
   }

}
```

Código BillingSimulation.java

```
pacote telecom;
/**
*  Esta subclasse de simulação implementa o AbstractSimulation.run(...)
*  com um guião de teste para o sistema de telecomunicações apenas com o
*  objectos básicos.
*/
classe pública BasicSimulation estende a AbstractSimulation {

   vazio estático público principal(String[] args){
 simulação = novo BasicSimulation();
 simulation.run();
   }

   relatório de nulidade protegido(Cliente c) { } { }

}
```

Código Call.java

```
pacote telecom;
importação java.util.Vector;
importação java.util.enumeração;

/**
*  Uma chamada apoia o processo de um cliente que tenta
*  ligar-se a outros.
* /
classe pública Chamada {

   cliente particular que telefona, destinatário;
   ligações Vector privado = novo Vector();

   /**
   *  Criar uma nova chamada ligando o interlocutor ao receptor
   *  com uma nova ligação. Na realidade, esta só deveria ser

   * chamado pelo Cliente.call(...)
   */
   chamada pública(Cliente chamador, Cliente receptor) {
      this.caller = chamador;
      this.receiver = receptor;
      Ligação c;
      se (receptor.localTo(chamador)) {
```

```
c = novo Local(chamador, receptor);
   } else {
c = novo LongDistance(chamador, receptor);
   }
   connections.add(c);
}

/**
* a captação de uma chamada completa a ligação actual
* (isto significa que não deve fundir chamadas até
* estão concluídos)
*/
recolha de lixo público() {
Ligação ligação = (Ligação)ligações.lastElement();
   connection.complete();
}


/**
* A chamada está num estado ligado?
*/
booleano público éConnected(){
return ((Ligação)conexões.lastElement()).getState()
      == Conexão.COMPLETO;
}

/**
* pendurar uma chamada baixa a ligação
*/
vazio público pendência(Cliente c) {
   for(Enumeration e = conexões.elementos(); e.hasMoreElements();) {
((Ligação)e.nextElement()).drop();
   }
}

/**
* O Cliente é um dos clientes desta chamada?
*/
booleano público inclui(Cliente c){
resultado booleano = falso;

for(Enumeration e = conexões.elementos(); e.hasMoreElements();) { resultado = resultado ||
   ((Ligação)e.nextElement())).connects(c);
}
resultado do retorno;
   }

/**
* Fundir todas as ligações da chamada 'outros' em 'isto'.
* /
public void merge(Call other){
```

```
for(Enumeration e = other.connections.elements(); e.hasMoreElements();){ Connection conn
     = (Connection)e.nextElement();
     other.connections.remove(conn);
     connections.addElement(conn);
}
    }
}
```

Código Conexão.java

```
pacote telecom;

/**
* As ligações são circuitos entre clientes
* Existem dois tipos: local e de longa distância
* ver subclasses no final deste ficheiro.
*/
classe pública abstracta Ligação {

   público estático final int PENDENTE = 0;
   público estático final int COMPLETO = 1;
   público estático final int DROPPED = 2;

   Chamador do cliente, receptor;
   estado privado int = PENDENTE;

   /**
   * Criar uma nova ligação entre a e b
   * /
   Ligação(Cliente a, Cliente b) {
      this.caller = a;
      this.receiver = b;
   }

   /**
   * qual é o estado da ligação?
   * /
   público int getState(){

 estado de regresso; }

   /**
   * obter o cliente que iniciou esta ligação
   */
   público Cliente getCaller() { devolver chamada; }

   /**
   * obter o cliente que recebeu esta ligação
   */
   cliente público getReceiver() { devolver receptor; }
```

```
/**
 * Chamada quando uma chamada é atendida. Isto significa que o lado b foi atendido
 * e a ligação deve agora completar-se a si mesma e começar a passar dados.
 */
nulo completo() {
   estado = COMPLETO;
   System.out.println("ligação concluída");
}

/**
 * Chamada quando a ligação é desligada de uma chamada. Destina-se a
 * libertar quaisquer recursos que a ligação estivesse a consumir.
 */
gota vazia() {
estado = DROPEDIDO;
   System.out.println("ligação caída");
}

/**
 * O cliente está ligado por esta ligação?
 * /
booleano público liga(Cliente c){
retorno (chamador == c || receptor == c);
}

}
```

Código local.java

```
pacote telecom;

classe pública Extensão local Ligação {
   Local(Cliente a, Cliente b) {
   super(a, b);
   System.out.println("[nova ligação local a partir de " +
     a + " para " + b + "]");

   }
}
```

Código LongDistance.java

```
pacote telecom;

classe pública LongDistance estende a ligação {
   LongDistance(Cliente a, Cliente b) {
   super(a, b);
   System.out.println("[nova ligação de longa distância a partir de " +
     a + " para " + b + "]");
   }
}
```

Código Cliente.java

```
pacote telecom;
importação java.util.Vector;
```

```
/**
* Os clientes têm uma identificação única (nome neste caso para fins didácticos * mas pode ser o número de telefone) e um código de área.
* Também têm protocolo para a gestão de chamadas: chamada, recolha, etc.
*/
cliente de classe pública {

    nome privado String;
    código privado int areacode;
    chamadas Vector privadas = novo Vector();

    /**
    * cancelar o registo de uma chamada
    * /
    vazio protegido removerCall(Call c){
  calls.removeElement(c);
    }

    /**
    * registar uma chamada
    * /
    nulo protegido addCall(Call c){ calls.addElement(c);
    }

    /**
    * Fazer um novo cliente com nome próprio
    * /
    cliente público(String name, int areacode) { this.name = name;
       this.areacode = areacode;

    }

    /**
    * Entrega de cordas do cliente
    */
    public String toString() {
       nome de retorno + "(" + areacode + ")";
    }

    /**
    * em que área se encontra o cliente?
    */
    public int getAreacode(){
  areacode de retorno;
    }

    /**
    * O outro cliente está na mesma área?
    */
    público booleano localTo(Cliente outro){ return areacode == outro.areacode;
```

```
    }

    /**
    *  Fazer uma nova chamada para o destinatário
    */
    Chamada pública(Destinatário do cliente) {
       Chamada = nova chamada(isto, receptor);
       addCall(chamada);
       telefonar de volta;
    }

    /**
    *  atender uma chamada
    */
    recolha de lixo público (Chamada) {
       call.pickup();
       addCall(chamada);
    }

    /**
    *  desligar uma chamada
    *  /
    anulação pública (chamada de chamada) { call.hangup(isto);
  removeCall(call);
    }

    /**
    *  Fundir um par de chamadas -- conferi-las
    *  PRE: call1.includes(isto)
    *  call2.inclui(isto)
    *  call1.connected()
    *  call2.connected()
     *  POST: call1 inclui todos os clientes ligados por call1@pre e call2@pre */
    public void merge(Call call1, Call call2){
  call1.merge(call2);
  removeCall(call2);
    }
}
```

Código Timer.java

```
pacote telecom;


/**
* Máquina temporizada simples utilizada para registar o tempo decorrido
*/
classe pública Temporizador {
    tempo de início longo públicoTime, stopTime;

    /**
    *  definir a hora de início
```

```
    * /
    início do vazio público() {
       startTime = System.currentTimeMillis();
       stopTime = startTime;
    }
    /**
    *  definir o tempo final
    * /
    paragem do vazio público() {
       stopTime = System.currentTimeMillis();
    }

    /**
    *  definir quanto tempo passou entre o último arranque e a última paragem?
    * /
    public long getTime() {
       stopTime de retorno - startTime;
    }
}
```

Código para o aspecto da facturação:

```
/*
Copyright (c) Xerox Corporation 1998-2002. Todos os direitos reservados.

É permitida a utilização e cópia deste software e a preparação de trabalhos derivados com base neste software. Qualquer distribuição deste software ou obras derivadas deve cumprir todas as leis de controlo de exportação dos Estados Unidos aplicáveis.

Este software é disponibilizado tal como está, e a Xerox Corporation não faz qualquer garantia sobre o software, o seu desempenho ou a sua conformidade com qualquer especificação.
*/
pacote telecom;
/**
*  O aspecto da facturação lida com... facturação.
*  Quanto dinheiro custou cada ligação?
*  Quanto dinheiro custou cada chamada?
*  Quanto dinheiro está a ser debitado a um cliente?
*  Este aspecto pode ser utilizado por outras partes do sistema. (não neste exemplo)
*  A facturação pode depender de muitas coisas, tais como a calendarização, o tipo de
ligação,
*  alguns descontos especiais que o cliente tem, características especiais, etc. Aqui dentro,
*  depende apenas do tempo e do tipo de ligação.
*/
aspecto público Facturação {
    // precedência necessária para obter aconselhamento sobre a hora limite na ordem
    correcta declarar a precedência: Facturação, Horário;

    público estático final longo LOCAL_RATE = 3;
```

```
    público estático final longo LONG_DISTANCE_RATE = 10;

    público Conexão cliente.pagador;
    public Customer getPayer(Conn.connection conn) { devolver conn.payer; } /**
    * O chamador paga a chamada
    */
    após (Cliente cust) regresso (Conexão conn):
      args(cust, ...) && call(Connection+.new(...)) { conn.payer = cust;
    }
    antes (Cliente cust) de regressar (Conexão conn):
      args(cust, ...) && call(Connection+.new(...)) {
      System.err.println(getPayer(conn) + " irá pagar a chamada");
    }
    /**
    *  As ligações dão a taxa de chamada apropriada
    */
    resumo público longo Connection.callRate();

    public LongDistance.callRate() { return LONG_DISTANCE_RATE; } public long
    Local.callRate() { return LOCAL_RATE; }

    /**
    *  Quando o tempo parar, calcular e adicionar a taxa a partir do
    *  tempo de ligação
    *  /
    depois(Ligação com conn): Timing.endTiming(conn) {
      long time = Timing.aspectOf().getTimer(conn).getTime();
      taxa longa = conn.callRate();
      custo longo = taxa * tempo;
      getPayer(conn).addCharge(cost);
    }

    /**
    * Os clientes têm um aspecto de pagamento de contas com o Estado
    */
    público longo Cliente.totalCharge = 0;
    public long getTotalCharge(Customer cust) { devolver cust.totalCharge; }

    nulo público Cliente.addCharge(taxa longa){
      totalCarga += carga;
      System.out.println("Carga acrescentada "+carga);
    }
}
```

Código para o aspecto temporal:

```
/*
Copyright (c) Xerox Corporation 1998-2002. Todos os direitos reservados.

É permitida a utilização e cópia deste software e a preparação de trabalhos derivados com
base neste software. Qualquer distribuição deste software ou obras derivadas deve cumprir
todas as leis de controlo de exportação dos Estados Unidos aplicáveis.
```

Este software é disponibilizado tal como está, e a Xerox Corporation não faz qualquer garantia sobre o software, o seu desempenho ou a sua conformidade com qualquer especificação.
*/

```
pacote telecom;
/**
* O aspecto temporal diz respeito à duração
* de ligações e com o cliente cumulativo
* tempo de ligação.
* /
aspecto público Calendário {
  /**

  * Cada Cliente tem um tempo total de ligação
  * /
  público longo Cliente.totalConnectTime = 0;
  public long getTotalConnectTime(Custódia do cliente) {
    return cust.totalConnectTime;
  }
  /**
  * Cada ligação tem um temporizador
  * /
  private Timer Connection.timer = temporizador novo();
  public Timer getTimer(Conn.conn) { return conn.timer; }

  /**
  * Iniciar o temporizador quando a chamada estiver concluída
  * /
  após (Ligação c): target(c) && call(void Connection.complete()) { getTimer(c).start();
  }
  /**
  * Quando parar o temporizador
  * /
  fim do pontoTiming(Ligação c): alvo(c) &&
    call(void Connection.drop());
  /**
  * Parar o temporizador quando a chamada caiu e actualizar as partes envolvidas
  */
  depois(Ligação c): endTiming(c) {
    getTimer(c).stop();
    c.getCaller().totalConnectTime += getTimer(c).getTime();
    c.getReceiver().totalConnectTime += getTimer(c).getTime();
  }
}
```

Saída da Simulação de Facturação:
... Simulação de facturação 2 ...

jim chama mik...
[nova ligação local de Jim(650) a Mik(650)]

Jim(650) pagará a chamada
mik aceita...
ligação concluída
jim desliga...
ligação caiu
Carga adicionada 609
*Jim(650) está ligado há 203 segundos e tem uma conta de **609***
Mik(650) está ligado há 203 segundos e tem uma conta de 0
Crista(415) está ligada há 0 segundos e tem uma lista de 0 chamadas mik crista...

[nova ligação de longa distância de Mik(650) a Crista(415)]
Mik(650) pagará a chamada
a crista aceita...
ligação concluída
crista desliga...
ligação caiu
Carga adicionada 1560
Jim(650) está ligado há 203 segundos e tem uma conta de 609
*Mik(650) está ligado há 359 segundos e tem uma conta de **1560***
Crista(415) está ligada há 156 segundos e tem uma factura de 0

Apêndice B. Saída parcial de JPreview 1.4

Hierarquias de Pontos de Vista e de Preocupação para 'serviço ao cliente'.

Pontos de vista (V)
- *Indirecto (V)*
  - *Gestor de serviços ao cliente (V)*
  - *Desenvolvedor (V)*
- *Ambiente (V)*
  - *Compatabilidade (V)*
    - *Base de dados de produtos (V)*
- *Directo (V)*
  - *Cliente (V)*
    - *Cliente telefónico (V)*
    - *Cliente em linha (V)*
      - *Acesso Web (R)*
        - *Encomendas (R)*
          - *Estado da encomenda (R)*
          - *Pagamento (R)*
            - *Segurança do cartão de crédito (R)*
        - *Livros brancos (R)*
        - *Demos (R)*
        - *Cópias de avaliação (R)*
    - *Apoio técnico (R)*
      - *Ajuda à instalação (R)*
      - *Ajuda geral (R)*
      - *Ajuda à configuração (R)*
      - *Comunicação de bugs (R)*

Estado do insecto (R)

Consulta de preços (R)

Consulta de produto (R)

Catálogo da gama (R)

Requisitos de software (R)

Requisitos de hardware (R)

Pessoal da linha de ajuda (V)

Pessoal de vendas (V)

Administrador do sistema (V)

Preocupações (C)

Eficiência (C)

Pessoal (C)

Carga de pessoal (Q)

Taxa de transferência (C)

Rendimento mínimo (R)

Segurança (C)

Onde V significa Viewpoint, R significa Requirement, C significa Concern, e Q significa Concern Question

Apêndice C. AMT 0.6

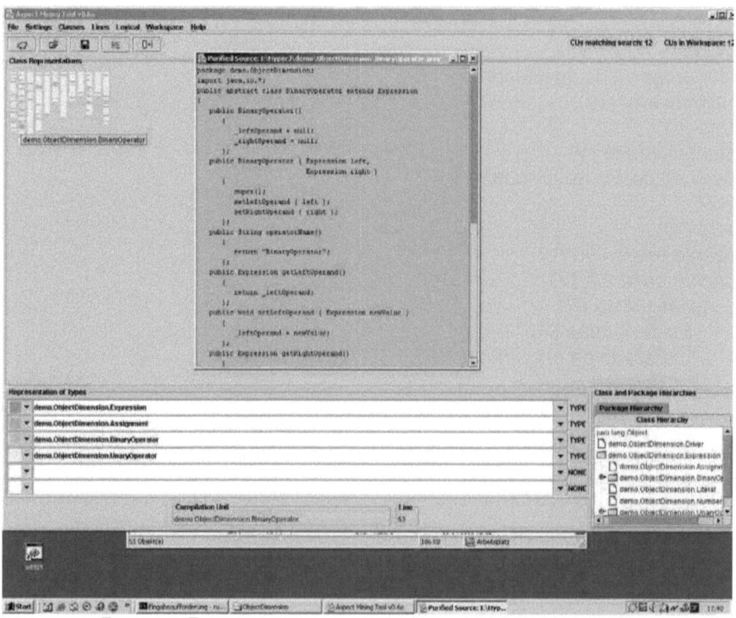

Figura 23. Ferramenta de mineração Aspect 0.6. Imagem do ecrã

De [Araujo e Coutinho, 2003]

NFR		Descrição
Nome		Representa o nome do NFR
Descrição		Fornece uma breve descrição do NFR
Influência	VP	Lista de pontos de vista afectados pelo NFR
	UC	Lista de casos de utilização afectados pelo NFR
Contribuição		Lista de contribuições positivas (+) ou negativas (-) em relação a outros NFR
Prioridade		Classificados de 1 a 5. (1-muito baixo... 5-muito alto)

Quadro 14. Modelo para um requisito não-funcional

Caso de	Descrição
Nome	Representa o nome do caso de utilização
Descrição	Fornece uma breve descrição do caso de utilização
Actores	Lista de actores que utilizam o caso de utilização
Pontos de vista	Lista de pontos de vista associados ao caso de utilização
Cenário primário	Especificação do cenário do dia feliz
Cenários secundários	Especificação dos outros cenários
Prolonga	Lista de casos de utilização que este caso de utilização estende
Inclui	Lista de casos de utilização que este caso de utilização inclui
NFRs	Lista de NFRs que afectam este caso de utilização

Quadro 15. Modelo para um caso de utilização

VP/UC AC	VP1/UC1	VP2/UC2	..
AUC1	Peso	Peso	Peso
AUC2			

Quadro 16. Relação de ACs com VPs

Atributo do ponto de	Descrição do Atributo
Nome	Isto identifica o ponto de vista
Em foco	Isto mostra a definição da perspectiva tomada pelo ponto de vista
Fontes	Isto mostra uma lista de fontes das necessidades do ponto de vista
Actores	Isto mostra uma lista de actores associados a

<table>
<tr><td colspan="2"></td><td>o ponto de vista</td></tr>
<tr><td colspan="2">NFRs</td><td>Isto mostra uma lista dos NFRs aplicados ao ponto de vista</td></tr>
<tr><td colspan="2">Casos de utilização</td><td>Isto mostra uma lista de funcionalidades relevantes para o ponto de vista</td></tr>
<tr><td colspan="2">Agregação</td><td>Isto mostra uma lista de agregações onde o ponto de vista está envolvido, ilustrada no diagrama do ponto de vista e um modelo específico</td></tr>
<tr><td colspan="2">Associação</td><td>Isto mostra uma lista de associações onde o ponto de vista está envolvido, ilustrada no diagrama do ponto de vista e um modelo específico</td></tr>
<tr><td rowspan="2">Gen/Spec</td><td>Sub VP</td><td>Lista de sub-pontos de vista ilustrados no diagrama de pontos de vista</td></tr>
<tr><td>Super VP</td><td>Lista de super pontos de vista ilustrados no diagrama de pontos de vista</td></tr>
<tr><td colspan="2">História</td><td>Isto mantém as alterações da informação do ponto de vista ao longo do tempo</td></tr>
</table>

Quadro 17. Modelo para um Ponto de Vista

Onde: AUC = Caso de Uso EspecturalVPi = Ponto de Vista i, UCi = Caso de Uso i

MIX
Papier aus verantwortungsvollen Quellen
Paper from responsible sources
FSC® C105338

Printed by Books on Demand GmbH, Norderstedt / Germany